实用
小记者
培训手册

鲍丹禾 ◎ 著

人民日报出版社
北京

图书在版编目（CIP）数据

实用小记者培训手册 / 鲍丹禾著. -- 北京：人民日报出版社，2024.10. -- ISBN 978-7-5115-8416-8

Ⅰ. G21-49

中国国家版本馆 CIP 数据核字第 20242R8C11 号

书　　名：实用小记者培训手册
　　　　　SHIYONG XIAOJIZHE PEIXUN SHOUCE
著　　者：鲍丹禾
出 版 人：刘华新
责任编辑：梁雪云　王奕帆
版式设计：九章文化

出版发行：人民日报出版社
社　　址：北京金台西路2号
邮政编码：100733
发行热线：（010）65369509　65369527　65369846　65369512
邮购热线：（010）65369530　65363527
编辑热线：（010）65369526
网　　址：www.peopledailypress.com
经　　销：新华书店
印　　刷：河北大厂回族自治县彩虹印刷有限公司
法律顾问：北京科宇律师事务所　010-83622312

开　　本：710mm×1000mm　1/16
字　　数：235千字
印　　张：17
版次印次：2024年10月第1版　2024年10月第1次印刷

书　　号：ISBN 978-7-5115-8416-8
定　　价：48.00元

序

米博华

鲍丹禾同志嘱我为他的新著《实用小记者培训手册》写一点导读文字，我感到非常荣幸。我干了大半辈子的新闻工作，但通读书稿，依然很受教益和启发。化繁为简、化难为易、深入浅出、务实管用，是这部教程的特色。

以丹禾的教育背景和工作经历来说，写一部"采访通论"并非难事。难的是，这部教程的读者目标主要是"小记者"。小记者，我理解的是正在初高中阶段求学、对新闻工作感兴趣的非专业记者，也就是我们通常说的新闻爱好者。这样的教程，既要讲透学理，又要通俗易懂，不容易。

大家知道，有社会生活就有新闻报道，有新闻报道就有新闻记者。记者把新闻事件和人物乃至各种各样的信息传达给受众，并通过报道使人们及时了解国内外正在发生的大事，开阔视野，提升认知，在学习、工作和生活中做出正确判断和选择，是一项很有意义的工作。记者有年龄的差异、有经历的不同、有报道领域特异，但在规范性和专业性上，没有大小记者之分，都必须具备一定的职业素养的专业技能，这没有什么不同。

丹禾这部专著提供了一个体系完整、要素齐全的实操读本，这对包括专业记者在内的新闻爱好者具有极高的学习、参考价值。

之所以说体系完整、要素齐全，是因为我国新闻工作是国家工作大局的重要组成部分，从一定意义上说，记者采访报道是一种社会性公共服务工作。它不是私人写作，而是对国家发展和社会治理的主动和建设性参与。当然，其所承担的责任也必然是社会性和公共性的。

丹禾同志谈及的这三方面职业素养尤为重要。

第一，新闻采访和报道，首先要有正确判断。新闻事件和人物是否值得报道？从什么视角观察，用什么思路解读，这与记者政治立场和价值取向有密不可分的关系。某地突发重大自然灾害，涉及老百姓身家性命和切身利益，这当然是高价值报道线索。但同时，有些新闻事件表面看来并无特异之处，却反映着某种重大社会矛盾，甚至隐患，这尤其需要及时发现，深入研判，并负责任地加以报道。还有，如何处理新闻报道，也必须考虑社会影响。如果一篇报道导致负面情绪蔓延，造成社会焦虑，就必须斟酌再三，坚持正面引导。这也就是我们常说的，"新闻不是有闻必录""新闻不能猎奇和游戏"。正像这本书开宗明义所说，记者尤其需要政治敏锐性和社会责任感。

第二，记者采访和报道，需要学习和掌握多方面知识。每个新闻事件的发生都不是孤立的，也不是为我们采写而特意准备的，其所发生、发展、演变有复杂原因。因此，努力做到公正客观就一定要具备可资分析、参照的背景知识。记者当然不是航天专家，但如果对航天知识一无所知，就很难完成一篇高质量的科技报道。没有人可以全知全能，但记者这个职业，要求我们对知识要始终保持浓厚兴趣，养成不断学习、终身求知的习惯。

第三，同样题材的新闻，由不同记者报道，其说服力和感染力差别很大。正像同样的食材由不同的厨师烹调，色香味相去甚远。这本书的一大亮点，就是从新闻采写专业角度，详尽论述了从选题、采访、构思到提炼、润色、修改的全部工艺制作流程。这既是一般写作之技能，更是新闻采写专业之特殊，其中提供的许多案例都值得反复琢磨、体会和消化。

有人说，现在记者的就业门槛不高，粗通文字就可以上岗。这是一种误解。实际的情况是，入行不难，入门才难，当一个优秀甚至卓越的记者难乎其难，需要有领导干部的大局观、责任感，需要有学者的知识面和专精度，更需要有新闻记者特有的敏锐、敏感、敏捷。无论题材轻重，也无论篇幅长短，采访和报道其实都是认知水平、生活经验、专业知识、情感力量和文字驾驭等综合能力的体现。

也有人说，在社会生活日益多元、媒体格局不断变动的时代，传统的新闻理论和采写经验，可能没有多少价值和意义。这同样是一种误解。变化和变动的是社会生活和传播方式，但这不意味着新闻工作的本质属性已经被彻底颠覆。正如种植的方式可以有极大改进，但粮食和蔬菜终究还是要吃的；传播方式和传播平台可以有很大改变，但客观、公正、真实的原则，依然是新闻工作的灵魂。从这个意义上说，丹禾同志这部著作当得起这样八个字：崇尚专业，守正创新。

是为序。

（序文作者系人民日报社原副总编辑、复旦大学新闻学院原院长）

目 录

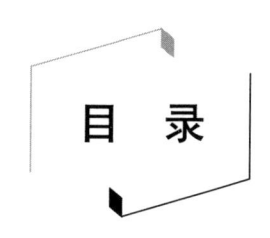

- 001 **第一章　你可能不了解的新闻知识**
  - 003　第一节　对信息的需要产生了新闻
  - 004　第二节　这样的新闻定义接受度最高
  - 006　第三节　新闻的四个基本特征
  - 012　第四节　什么样的新闻才有价值
  - 020　第五节　新闻和作文不一样

- 025 **第二章　做小记者这些素质少不了**
  - 027　第一节　新闻敏感是可以培养的
  - 033　第二节　新闻敏感之外的综合素质

- 039 **第三章　小记者的采访线索从哪儿来**
  - 041　第一节　采访要弄清 5 个 W 和 1 个 H
  - 047　第二节　采访需遵循的原则
  - 049　第三节　小记者如何找采访线索

059 第四章 小记者要学会写采访提纲

- 061 第一节 采访前做个"小小研究者"
- 065 第二节 写好采访提纲很重要
- 072 第三节 采访的方式多种多样

079 第五章 提出好问题是小记者的基本功

- 081 第一节 如何提出高质量的采访问题
- 087 第二节 采访的重点在于"新"

097 第六章 小记者写好消息有诀窍

- 099 第一节 写好消息是基本功
- 105 第二节 消息写作的几种结构
- 111 第三节 做好标题更出彩

119 第七章 写好新闻"艺多不压身"

- 121 第一节 导语是新闻的核心内容
- 126 第二节 使用引语让新闻更精彩
- 132 第三节 新闻背景让新闻更生动
- 136 第四节 新闻有独特的语言特点

155 第八章 小记者怎样写通讯和评论

- 157 第一节 通讯是更有深度的新闻

| 189 | 第二节 写评论重在表达观点 |

195 第九章 学点摄影技巧很重要
197	第一节 好新闻照片的标准
200	第二节 新闻照片构图有讲究
224	第三节 新闻照片的用光技巧

231 第十章 手机短视频拍摄有"门道"
233	第一节 拍短视频需要的设备
235	第二节 手机短视频拍摄步骤
238	第三节 后期制作少不了
239	第四节 运镜和转场有学问

| 243 | 附录一：北京实验学校（海淀）小记者采访美联社北京分社记者朱佩 |

| 249 | 附录二：花家地实验小学小记者采访左权将军外孙沙峰 |

| 252 | 附录三：花家地实验小学小记者对于校运动会的采访 |

| 257 | 后　记 |

| 259 | 参考书目 |

第一章

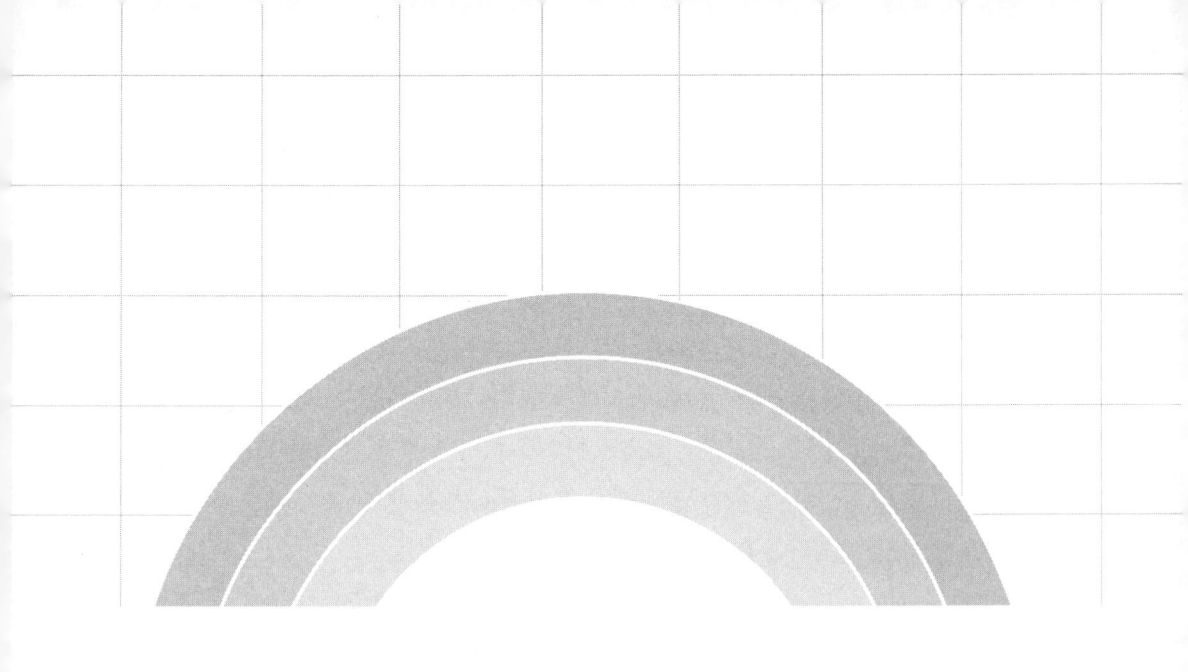

你可能不了解的新闻知识

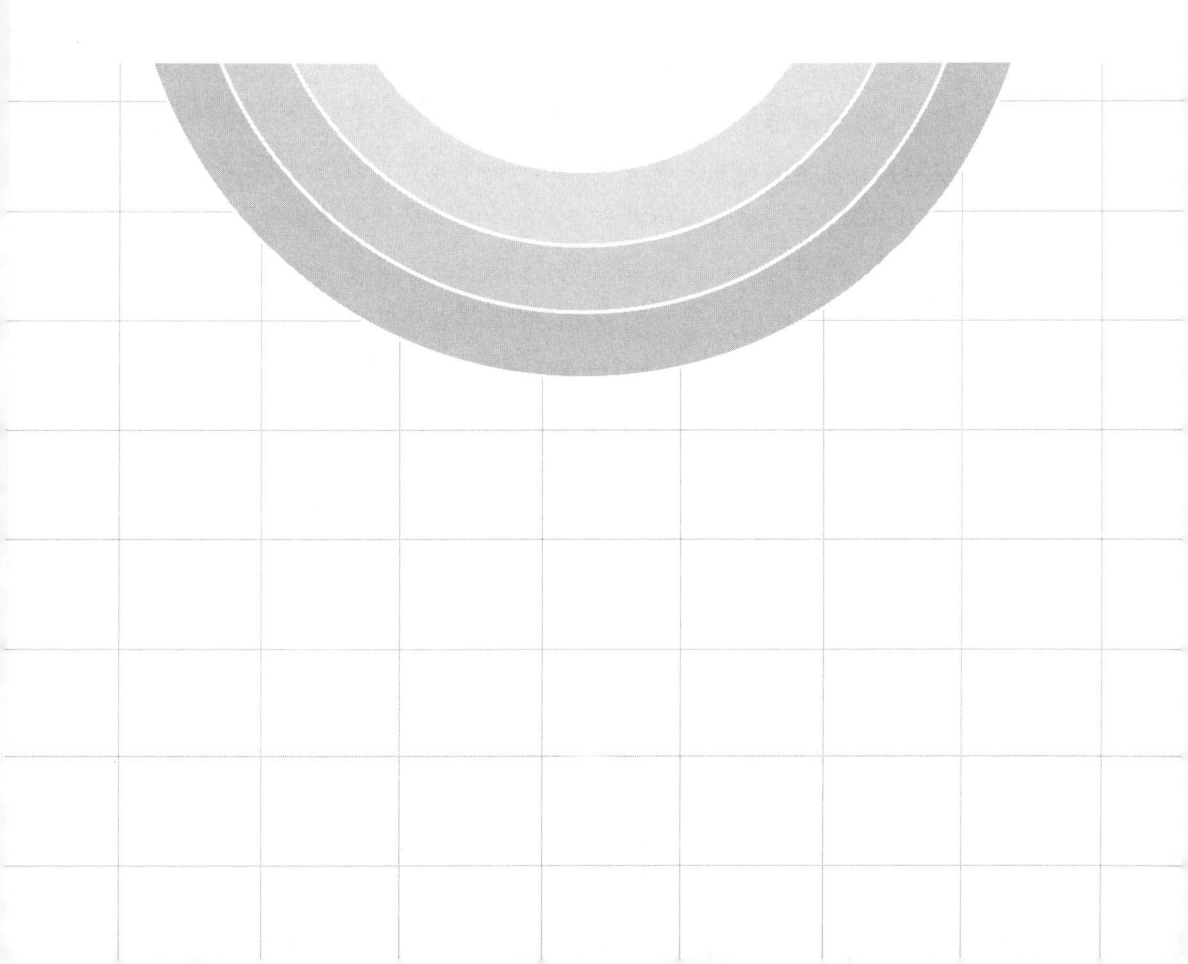

这是一个自媒体时代。每个人都可以有一支麦克风。

回望历史来路，作为个体的我们，从来没有像今天这样和新闻的距离如此靠近。当你在接受新闻的时候，可能自觉或不自觉地，也成为新闻的传播者和鉴别者。

所以，在这个充满挑战的时代，我们需要具备一定的新闻素养。这样我们在面对信息真实与否的时候，才有辨别力；在面对信息是否应当公开的时候，才有判断力；在面对信息如何扩散的时候，才有传播力。

新闻素养需要从小培养。无论是小学高年级同学，还是中学生，应该有意识地训练自己的媒介能力，方能在信息汹涌的时代站在高点。

可以说，在日常生活中，每一个同学都接触过新闻。新闻和我们日常训练最多的作文既有相通之处，又有不同之处。如同记者和作家，记者所采写的都是事实，而作家既可以写真实的内容，比如报告文学；也可以写虚构的内容，比如小说。所以新闻的魂，就是真实。

在真实性之下，同学们要通过多读多想，理解新闻的基本特征，学会判别新闻的价值。新闻价值看似简单，却是衡量一个人新闻素养如何的重要指征。从某种程度上讲，我们需要不断地训练，同时，要对这个变幻莫测的世界保持敏感度和好奇心。

同学们，当我们对某一个新闻了解越多的时候，是不是有一种获得感和愉悦感？从专业的角度解释，这就是对不确定性的消解和破除。而这正是新闻的意义所在。

愿同学们通过学习，都能具备这个时代所需要的基本新闻素养！

第一章 你可能不了解的新闻知识

第一节 对信息的需要产生了新闻

同学们,什么是新闻?我们每天从报纸、电视、广播、网络中所获得的新闻是怎么产生的呢?

新闻是一种信息传播,是人类在生产、生活过程中,为实现人们的信息需求而产生的。从本质上讲,新闻的作用就是破除人们在信息上的不确定性。

在原始社会就存在信息传播,只不过人们是用非常简单、非常直观的方式。原始人过着相互依存的群居生活,通过狩猎、农耕等活动来觅食、生存。在这个过程中,人们需要相互助力、相互支撑才能获取食物、躲避危险,所以必然会进行交流。这种交流尽管简单,却在消除信息的不确定性,具有新闻传播的雏形。

在文字出现以前,人们会用一些声音、符号或图画来传达信息。随着人类社会进入阶级社会,除了人与自然的矛盾,很多社会矛盾也产生了。逐渐地,文字出现了,人们的需求也越发多样化,不仅有物质需求,也有精神需求,信息传播的工具和手段从一开始的石器、棍棒、兽骨等,慢慢变成手势、形体动作、符号语言等。语言文字的出现、印刷术的发明和电子技术的广泛应用,直到今天互联网技术的发展,使得信息传播进入前所未有的新时代。世界已经互联,地球上的人相隔再遥远,也能迅速地取得联系。世界仿佛成了一个"地球村"。

随着信息传播的广泛深入,人们的信息不确定性逐渐降低,新闻传播活动在这中间也逐渐开展起来。

新闻起源于人类社会的信息需求。在今天无比丰富的信息传播手段中,我们可以看到,这些手段的应用,最终都是为了满足人们的信息需求。

我们用一个案例来了解一下新闻源于信息需求的概念。

2022年2月4日，农历正月初四，正是立春节气，第24届冬季奥运会在北京开幕。人们如何获取开幕式的信息呢？开幕式上中国代表队什么时候入场？中国队穿什么样的服装呢？点火方式是怎样的？最感动人的细节在哪里？这些都可称为信息的不确定性。当然，消除这些不确定，可以通过报纸上的文字和图片、广播电台的声音，也可以通过电视直播，但更广泛的途径是铺天盖地的网络上的音视频。移动互联网让人们随时随地全方位地接受信息成为可能。

第二节 这样的新闻定义接受度最高

中国最早的报纸雏形始见于唐朝的邸报，但新闻概念的出现是在宋朝。宋朝的小报和唐朝的邸报有着不同特点，邸报是官方报纸，抄发皇帝谕旨、大臣奏议和其他一些政治情报。而小报的报道有两个特点：一是封建统治者不愿意公开的信息，二是报道较为迅速。这也成为小报被称为"新闻"的原因。所以，中国"新闻"的概念最早可追溯到宋朝。

对于新闻的定义，一直以来各不相同。有人认为是奇闻逸事、新鲜事情；有人认为是"报纸"，因为很长一段时间，报纸几乎成了新闻的代名词，许多国家的报纸确实报名里就带着"新闻"，如日本著名的报纸《读卖新闻》；还有的用"新闻"指代新闻事业、新闻报道等。

可见，新闻是一个多义词。那么，我们最常用的新闻概念是什么呢？

最普遍的定义是：新闻是新近发生的事实的报道。

这个定义是时任中共中央机关报延安《解放日报》总编辑的陆定一于20世纪40年代提出的。这一定义揭示了新闻的本质属性，也涵盖了新闻的基本特征，沿用至今。

随着新闻报道速度的发展，新闻定义为新近发生或正在发生的事实的报道更为准确。我们小记者只需要知道这个定义就可以啦！

定义中有下面几个关键词。

首先，关键词——新近发生或正在发生。这其实是一个时效性的问题。在无数的客观事实当中，只有新近发生或者正在发生的事实，才能成为新闻。随着社会的快速发展和科技的飞速进步，人们对信息的获取变得越来越便捷、迅速，所以对时效的要求也提高了，作为新闻的报道者，只有更快地提供信息，才能满足公众的信息需求。新闻的"新"这点，大家在日常的体育报道中感受深刻。如足球比赛，上下半场各 45 分钟的比赛让双方的比分处于变化之中，早 10 分钟和晚 10 分钟场上的情形可能截然不同。作为观众，当然希望看到最新发生的事实，如果知道了结果再去看比赛，往往索然无味。

其次，关键词——事实。事实是新闻的本源，这是极为关键的。任何非事实或者违背事实的都不是新闻，只能称为假新闻。北京大学数学科学学院教师韦东奕由于在专业方面的突出表现，被称为"数学天才"。2024 年 7 月，网络上传出韦东奕将 1600 万奖金全部捐出用以抗洪的消息。有人向北京大学和韦东奕的堂姐进行了求证，北京大学数学科学学院的工作人员表示未曾听说过此事，实际上从侧面否认了这件事；与此同时，韦东奕的堂姐直接回应称，这件事完全是空穴来风。网络时代，这样的假新闻时有发生，无论对于当事人还是社会环境，都会造成负面影响。所以，对新闻事实的探求极为重要。

最后，关键词——报道。要想成为新闻，光有事实还不够，还需要一个中介，这个中介就是报道。当然，报道的方式是多样化的，可以是文字、音频、视频，也可以是口头传播，不一而足。报道的过程也是一个选择的过程，这一点尤为关键。世间万物，芸芸众生，什么是值得报道的，什么是无须报道的，这种选择就体现出一个新闻人或者是一个有新闻素养的人的水平了。这里以一位新闻人物为例。张桂梅是云南省丽江华坪女子高级中学的校长。她之所以被作为典型报道出来，是因为她的事迹感人。她无儿无女，却捐出自身所有，并募集资金，创建女子高中，只为了让那些家庭贫困的女孩受教育，通过知识改变命运，拥有美好的人生。多年来，已经有2000余名女生完成学业走出大山，在各行各业做贡献。这样的人物报道，这样的事实报道，正是新闻人应该做的。

在西方国家，关于新闻的定义常常有一些比较新奇的说法，比如，"狗咬人不是新闻，人咬狗才是新闻"，"新闻是和读者司空见惯的常态化思维相去悬殊的一种事实的报道"等，诸如此类的定义，过分强调了事实的个别特征，让人们的注意力放在猎奇、怪异、特别的角度，是不客观不全面的。

学术界对于新闻的定义一直存在不同说法，作为一门社会科学，大家有思想争论是正常的，随着人们对客观事物认识的深化，人们对新闻定义的理解也会更加全面深入。

第三节　新闻的四个基本特征

在新闻的定义基础上，我们可以了解到新闻的基本特征，这里的基本特征如果用简洁的词语表述，就是真实准确、内容新鲜、报道及时、公开传播。

一、真实准确

事实是新闻的本源，真实是新闻的生命。新闻人对事实的报道，就是对真相的追求。新闻报道必须是全面的真实，来不得半点虚假，别说无中生有，就是一个数字错误、一个概念混淆，都是对真实性的亵渎，是违背事实的。新闻一旦失实，可能造成非常严重的后果。

这里，介绍一个当年在北京轰动一时的新闻失实的案例。

訾某是原北京电视台生活频道《透明度》栏目临时工作人员。2007年6月，他通过查访，在没有发现有人制作、出售肉馅内掺纸的包子的情况下，为了谋取所谓业绩，冒充建筑工地负责人，到北京市朝阳区太阳宫乡一个院内，对制作早餐的四人谎称需定购大量包子，要求早餐制作者为其加工制作。后訾某携带秘拍设备、纸箱和自己购买的面粉、肉馅等再次来到这个院子。訾某以喂狗为由，要求早餐制作者将浸泡后的纸箱板剁碎掺入肉馅，制作了20余个"纸箱馅包子"。与此同时，訾某用家用数码摄像机秘密拍摄了几人制作"纸箱馅包子"的过程。在节目后期制作中，訾某采用剪辑画面、虚假配音等方法，编辑制作了虚假电视专题片《纸做的包子》播出带，对北京电视台隐瞒了事实真相，使该虚假新闻得以2007年7月8日在北京电视台生活频道《透明度》栏目播出，造成了极为恶劣的社会影响。这就是著名的"纸包子事件"。这一事件不但严重损害了早餐行业的声誉，让市民对食品安全问题备感担忧，而且对于北京电视台这样的知名媒体声誉造成了损害。事情真相查明后，北京电视台台长被通报批评，《透明度》栏目负责人被撤职，假新闻的始作俑者訾某因损害商品声誉罪被判处有期徒刑一年。

再举一个外国的例子。2019年1月，美国著名的新闻机构美国有线电视新闻网（CNN）被高中生桑德曼指控：在未了解全部事实的情况下做报道，对他及其家人造成伤害，并因此提出索赔。2019年3月，桑德曼的律师对CNN提起诉讼，在CNN相关报道中，桑德曼被指对一名美国原住民"种族歧视"，这名高中生因此要求包括CNN在内的三家媒体支付共计8亿美元的赔偿金。最后虽然双方达成了和解，但CNN也赔了钱。从事情经过看，CNN显然属于失实报道，给自己惹了麻烦。

所以，无论何时，强调新闻的真实性都是第一位的。新闻机构或者新闻报道者一旦失实，如果走上法庭几乎都是报道者败诉，因为报道内容或是文字，或是音视频，作为证据放在那里，会让人难以辩驳。

如今，随着自媒体的迅猛发展，每个人都成为"报道者"，人们在进行报道时，往往更注重快速以博人眼球，吸引流量，而忽略对事实的核实求证，这样极容易造成事实的不准确。所以，真实的含义中还应包含准确。

新闻报道通常要求具备五个 W 和一个 H。五个 W，即 When（何时）、Where（何地）、Who（何人）、What（何事）、Why（为何），H 是 How（怎样）。当然，在一篇报道中这几个方面并不是必须都有，有时候因为报道的需要，可能只有三个 W，这也没有关系，只要符合新闻规律就可以。对于新闻发生的时间、地点、人物、事件这些基本内容，是需要做到真实准确的，否则很容易造成负面影响。

我们来看一下下面这篇新闻稿。

李娜造访盲人学校　与小朋友亲切互动

本报讯　昨天下午，李娜出现在北京盲人学校，与孩子们一起上了堂体育课。两天前，李娜刚刚成为儿童乐益会大使，她将在倡导儿童权利方面做自己的贡献。李娜说很喜欢跟孩子们在一起，很单纯，也不会刻意隐藏自己。

"李娜姐姐，你多大呀？""你猜。""从声音听，应该是在 25 到 28 岁之间。"听完孩子们的回答，李娜大笑起来，"我都 30 多了。"与李娜对话的是北京盲人学校的孩子们，他们刚刚上完一堂 40 分钟的体育课。

"运动和游戏对于每个孩子的成长都很重要，尤其是有特殊需要的孩子。不管他们是出生在中国、美国，还是其他国家，游戏和运动是他们应有的权利。"李娜说。

跟盲校的孩子们接触后，李娜说他们比想象的要开朗，"每个人的自信都是后天培养的，他们会在运动中释放更多的能量。"未来 5 年，李娜会不时带孩子们上体育课，"当我听到老师说向左转时，孩子们会击掌。他们看不见，但听力很好，下次给他们上课时，我就有经验了。"

李娜称很喜欢跟孩子们在一起，"跟孩子在一起，会单纯一些，没有钩心斗角，也不存在尔虞我诈，状态会更好一些。而不是隐藏自己，把自己关在里面。"

（孙海光，《新京报》2013年9月27日）

这篇短短的稿件是关于著名网球女运动员李娜参加的一个活动，稿件里五个W和一个H都是齐全的。时间：昨天下午；地点：北京盲人学校；人物：李娜和孩子们；事件：李娜和盲校学生一起上体育课；为何：李娜刚刚成为儿童乐益会大使；将来会怎样：李娜说，未来五年还会不时地带孩子们上体育课。文中的多处对话都是为了将事件描述得更细致、丰富，也可以归到How的范畴。

消息虽然短，但我们看文中内容都做到了真实准确。

二、内容新鲜

内容新鲜是新闻除了真实准确之外的最重要特点。许多人投身于新闻事业，就是因为这个工作的"新鲜性"。

当今社会，人们对于信息获取的要求越来越高，了解这个社会上的新情况、新变化、新趋势、新动向，才能消除无数的不确定性，才能让人们的认识更加准确、更加清晰，从而在决策和选择中更加科学有效。

内容新鲜，指的是新近或正在发生或被发现的事实。比如，2021年10月16日，神舟十三号载人飞船问鼎苍穹就引发了又一轮的航天热。在此前的10多年间，中国航天人一次次将载人飞船送入太空，每一次都引起社会关注，因为每次出征都意味着新的探索。再如，2021年7月24日，中共中央办公厅、国务院办公厅印发《关于进一步减轻义务教育阶段学生作业负担和校外培训负担的意见》，这意味着"双减"政策正式落地。这是一个重要变动，会对教育行业带来重大影响，所以具备新闻"新鲜性"的特点。因为在此之前，全国中小学生进行学科培训是一个普遍现象，而自从这个意见颁布后，大家知道，情况发生了根本性的变化。

内容新鲜，让新闻和历史区别开来。新闻和历史有共同点，两者都需要尊重事实，但新闻是对当下的新鲜事实的报道，而历史是对过往事实的记录。当然，新闻是对当下的描写，放到将来就自然成了历史资料。

三、报道及时

报道及时和内容新鲜须臾不可分离。新闻总是以"新"的面貌出现，所以有人说新闻是"易碎品"。诚然，对大部分新闻作品而言，它们可能没有优秀的文学作品那样更具生命力，但从"及时"这一点，就能看出报道者所面临的时间上的紧迫感和精神上的巨大压力。

怎样算"及时"呢？没有明确的说法。但是，对新闻报道而言，时效决定成效。只有尽可能快地做出报道反应，尽量争取在事件发生后的第一时间做报道，才会让新闻更有价值。

科技的发展，已经使我们今天的信息传播方式发生颠覆性变化。仅仅三四十年前，新闻报道通过电报来传输已经算是及时快捷了，但如今网络传输几乎消弭了一切多余的中间环节。这也造成媒体之间在新闻即时性方面的差别有时候只是几秒钟的事。

2008年5月12日，震惊世界的汶川大地震发生。10多分钟后，新华社四川分社记者向全世界发出了一张分社技术室内办公用品柜子被晃倒的照片，正式开启了大地震的报道。而今天，在这类突发事件面前，记者的反应速度比以往更快了。

在大型的新闻事件，比如重大活动、重大灾难等面前，要想报道迅速、及时，依靠非专业人士的力量是不够的，这也是专业新闻报道机构的优势所在。只有在新闻机构的报道指挥系统有力指导下，在富有战斗力的采编队伍的积极配合下，才能实现这一要求。

这里需要明白的是，新闻报道及时并不是有闻必录，报道者要学会选择和甄别，有些事情是有价值的，需要报道，甚至是花大力气进行报道；有些则没有价值，不需要报道。以前，各大城市的都市报都有一个部门叫热线新闻部，就是接线员接听读者打来的热线电话，做好记录后交给新闻编辑，这时候对编辑来说就是一个甄别和判断新闻价值的考验。有经验的编辑往往能在许多线索中找出真正值得报道的内容，而没有经验的编辑面对线索可能会束手无策。这种能力需要经过一定时间的锻炼才能掌握，一般的新任编辑常常会觉得不容易判断。

四、公开传播

只有通过各种传播手段报道出去的才是新闻，仅仅供少数人看、小范围了解的不算新闻。新闻是人们认识社会、了解社会的窗口，是人们与世界进行沟通的重要桥梁。新闻传播得越广，影响也就越大。

近年来，人民群众的新闻知情权越来越受到重视，获取新闻信息的渠道也越来越畅通。互联网、智能手机的应用，也为公开传播提供助力。

需要明确的是，公开传播不能放任自流，需和必要的管理结合起来。对于一些思想导向不正确的内容、涉及国家机密的内容就不能报道，这在任何国家都是如此。

2004年4月，英国时任首相布莱尔访美并同美国时任总统布什会谈。席间布什表示，他想轰炸位于盟国卡塔尔首都多哈的半岛电视台演播室。这段内容被英国《每日镜报》捅出，引发轩然大波。英国各大报刊总编很快收到英国时任总检察长的通知："如果再有英国报章刊登有关英国首相布莱尔和美国总统布什的早先谈话细节，那么英国政府将根据《公务员保密法》提出诉讼。"由此可见，在西方国家，对于什么内容该公开、什么内容不该公开，也是有界限的。

由于工作的原因，记者往往有更多的机会接触到各类材料，其中就有可能是国家秘密文件。这个时候对记者来说，就需要具备一定的政治素养，而不能只是追求新闻报道的轰动性和阅读量，否则就可能犯错，甚至构成犯罪。

在公开报道的过程中，新闻机构的管理尤为重要，只有加强科学而细致的管理，才能更加有效地防止不该报道的内容流出。

第四节　什么样的新闻才有价值

通过以上的学习我们知道，新闻是新近发生或正在发生的事实的报道。但是，并不是所有的事实都值得报道。报道通常是一个涉及传受两方的过程。也就是说，只有传播者一方传播的内容是接受者一方所不知道的，并且接受者感兴趣、觉得有价值的内容才能称为新闻。这里就引出一个概念：新闻价值。

新闻价值是对新近发生或正在发生的事实的判断。社会上所发生的各种事实是客观存在的，但是作为一种判断，新闻价值带有明显的主观性。这体现了新闻从业者或者具有新闻素养的人的一种能力。

要具备这种能力并不容易。因为在生活中，有很多大事如地震、空难、战争，这些显然是新闻，但是还有浩如烟海的各种各样的事件，如何判别它们是否有新闻价值呢，这就需要一定的专业眼光和进行一定的专业训练。

新闻价值的一般要素，包括新鲜性、重要性、显著性、接近性和趣味性。为了将这一问题说得更清晰易懂，这里我们解释得更通俗一些。

一、对于不确定性越强的事实，消除这种不确定性的内容，具有新闻价值

人类由于好奇心的驱使，对于不确定的内容有探知的欲望。在不确定

性面前，人往往显得茫然无望，如果某些事实可以消除这种不确定性，则具有新闻价值。

2022年3月21日，东航MU5735航班在广西梧州坠毁。空难刚一发生的时候，人们希望了解现场救援、伤亡等情况，也特别关注123名乘客和9名机组成员涉及的各个家庭，以及后续的抢救、治疗、赔偿等方方面面的情况。随着空难黑匣子被找到，人们也会关心事故原因。这些内容可以消除信息的不确定性，所以都具有明显的新闻价值。

132名遇难者身份全部确认

今天（2022年3月28日）下午5时，"3·21"东航MU5735航空器飞行事故国家应急处置指挥部举行第九场新闻发布会，对搜寻最新情况进行发布。

公安部物证鉴定中心法医物证技术处处长刘开会介绍，事故发生后，公安部立即制订了遇难者个体识别工作方案，搭建了遇难者身份识别DNA专项比对工作平台，组织全国20个省区市公安机关，采集132名机上人员生前DNA样本和亲属DNA样本。公安部物证鉴定中心派出30人专家组赶赴现场，与广西200余名公安刑事技术人员一起，开展现场勘查工作。今天早上9时许，已经确定最后一名乘客身份。机上132名遇难者身份全部确认。

（李健飞、张卉、王洁、尹智磊、李福远、莫祥龙，央视新闻客户端2022年3月28日）

二、与人们利益密切的事实，具有新闻价值

社会上有一些事实只和部分人有关系，但也有一些事实是和绝对数量庞大的人群有关。这类和多数人有关的事实，往往更具有新闻价值。

如今在大城市，开车的人越来越多了，很多人家都有私家车。油价涨

跌的调整对千家万户来说就是重要的信息，因为和自己关系密切。同样，很多家庭都有孩子，那么事关升学、招生等政策变化和考试制度改革的内容，也具有新闻价值。

三、发生概率小的事实，具有新闻价值

人们说一件事情真是罕见、稀奇，这样的事情往往具备新闻价值，往往蕴含着新鲜性和显著性。上述空难的例子当然是概率小的事件，但现实生活中，有很多事情没有这么重大，需要我们敏锐地加以判断。

记者的任务分工常常是根据报道领域来分，如报道教育的是教育记者、报道科技的是科技记者、报道文化娱乐的是文娱记者等。这些记者在日常的报道中几乎每天都在做判断：这件事情到底够不够得上新闻——也就是有没有新闻价值呢？

《北京青年报》2000年获得中国新闻奖一等奖的作品《法警背起生病被告》就是这样一篇被"发现"的新闻。当时，各个领域的通讯员都会向报社投稿，北青报的编辑从投稿中发现了这篇消息，觉得很重要，因为罕见、概率小——法警背着被告的事情此前确实没有听说过。编辑与从事法制报道的记者一商量，立刻行动起来，记者联合一位实习记者不仅采访了当事人和有关部门，而且采访了最高人民检察院的一位厅长。稿件通过这样一件真实感人的小事，表现了法警对人权的尊重，以小见大体现了司法体制改革的进步。

法警背起生病被告

本报讯 前天，西城法院正常开庭。法警11083号把一个行动不便的女被告背上了三楼的法庭。当旁听的市民见到法警背上来一个戴着手铐的被告时，大厅立刻安静下来。

据目击者吴小姐介绍，她在 11 月 29 日去西城区法院办事时就看到过这一幕。当时女被告深埋着头，不时地发出啜泣声。背进三楼休息室时，法警的额头已渗出了汗水，女被告则流出了眼泪。

昨天，女被告告诉记者，今年 6 月她被确诊患有椎管狭窄症，两腿走路十分困难。被法警背起时，她问过法警的姓名，可法警没回答。

11083 号法警叫贾文家，今年 26 岁，在西城法院已工作 6 年。昨天，记者采访了他。"我没觉得这个举动有啥大不了，她一个老太太，得了病走路很困难，虽然是被告人，但作为法警帮她这个忙是我的职责。"据他介绍，那天背着老太太从楼下上来时，正赶上大厅里有 50 多个等候旁听的市民。见他背着个戴手铐的，本来乱哄哄的大厅顿时安静下来。"那会儿，我听见背上的老太太哭了，我能感觉到她低下头，把脸靠在我肩膀上。"

目前，该妇女已被宣判犯有贪污罪，判处有期徒刑 11 年。宣判结束后，已成犯人的中年妇女仍由法警一步步地背下楼梯。

记者注意到，在此之前，我国司法界连续出现了一些意义深远的变化。诸如：罪犯在未受到法院判决前一律改称犯罪嫌疑人；抚顺推出了"零口供"；有些地方刷有"坦白从宽，抗拒从严"字样的墙壁被画上了山水画等。这从一个侧面昭示了我国司法制度正在进行着一场前所未有的变革。

为此，本报记者采访了最高人民检察院民事行政检察厅杨立新厅长，杨厅长认为，从罪犯到犯罪嫌疑人称谓的改变以及法警背着行动不便的被告人到庭，反映了我国司法体制改革的进程，更重要的是体现了对人的人格的尊重。

（杨永辉、王雪莲、吴怡，《北京青年报》2000 年 12 月 16 日）

四、影响力大的事件，具有新闻价值

影响力大也可以理解为重要性。重要性是一个相对的概念，它可以是面向所有人很重要的事件，也可以是面向某一个领域内人们的重要事件。

庆祝中国共产党成立100周年大会的隆重召开、2008年北京奥林匹克运动会的举办，这些事件都是影响力极大的事件。有些事件可能影响面没有那么广，但是对部分人非常重要，比如，2022年3月发布了这样一条新闻：北京市东城、西城两区正式发布普通高中登记入学试点工作的通知。东西城两区共有5所学校参与试点，招生计划为420人。其中，西城区的试点的学校为北京市第五十六中学、北京市宣武外国语学校、北京市西城职业学校，共计登记入学名额为260人，前两所学校登记入学计划各为80人，西城职业学校附设普通高中班计划100人。东城区试点学校为北京市第二十一中学和北京市第五十中学分校；登记入学计划分别为80人。（北京市东城教育考试中心、西城考试中心，2022年3月24日）

这条新闻虽然涉及面不是很广，但是登记入学是高中入学政策的一个新变化，具有改革创新的意义，所以仍然有很大的影响力。

五、和知名人物、知名地点、知名机构相关的事件，具有新闻价值

社会各个领域总是有一些人知名度很高，这些人的一举一动常常会引起人们的关注。同样的道理，知名的地方、知名的机构也是一样。

2021年5月22日，"杂交水稻之父"、中国工程院院士、"共和国勋章"获得者袁隆平在湖南长沙逝世，享年91岁。袁隆平是我国研究与发展杂交水稻的开创者，也是世界上第一个成功利用水稻杂种优势的科学家。这样一位科学家，不仅对于中国，而且对于世界的粮食生产，都具有至关重要的作用。所以，他的逝世必然引起各方关注。

还有知名地点。如位于甘肃省张掖市的七彩丹霞地貌本身就是大自然的瑰宝，又因为多部有影响的影视剧曾在那里拍摄，所以知名度非常高。2018年8月，有几名男子对丹霞地貌进行破坏，这样的事件自然也引起了社会的关注。还有一些知名的企业或者机构，由于在业内的巨大影响力，他们的一些做法同样经常带来轰动效应。

六、与人们具有接近性的事实，具有新闻价值

接近性通常指事实在地理上和心理上与人们接近。从地理位置上看，越是和人们工作生活离得近的地方发生的事实，越容易吸引人；越是和人们工作生活离得远的地方发生的事实，人们的关注度会较少。比如，"冰立方"冬奥会后首次向公众开放、副中心城市绿心将添新地铁站这样的信息，因为都发生在北京，显然北京的居民更加关注，外地人相对而言关注度小。

还有一种是心理上的接近性，具有心理接近因素的事实会让有相关性的人产生共鸣。2015年，中国科学家屠呦呦获得诺贝尔生理学或医学奖。虽然是由瑞典方面发布的消息，但因为屠呦呦的中国人身份，自然引起国人的关心。而通常情况下，当外国人获诺贝尔奖的时候，虽然许多中国人也会了解一下相关信息，但还是没有中国人获奖容易引起轰动。这就是心理上的接近。

七、冲突性大的事件，具有新闻价值

说到冲突性大，我们会自然而然地想到战争或者是多个人、多群人之间的冲突。诚然，无论是大到世界大战的信息，还是小到局部战争的事实，都让人关心，因为战争是最为极端的冲突，它的破坏力巨大，对于地方甚至世界的经济影响、社会格局的影响都不言而喻。

但是在当今社会，人们见到的最为普遍的冲突可能是法律意义上的冲突，这也是为什么法治新闻容易引起人们兴趣的原因。刑事案件关注的人多，民事案件或者行政案件关注的人也不少。因为相互之间有冲突，

才会诉诸法律，这样的冲突又带有不确定性，只有等到法院判决了，才能有结果。

和平年代，体育赛事是较为典型的冲突性的体现。越是重大比赛，越具有新闻价值。

纳达尔澳网夺冠　成为首位 21 场大满贯获得者

人民网悉尼 1 月 31 日电　拉斐尔·纳达尔在澳大利亚网球公开赛男子决赛最后两盘中反击丹尼尔·梅德维德夫，第二次夺得澳网冠军，创下了破纪录的第 21 场大满贯。在此之前，"三巨头"诺瓦克·德约科维奇、罗杰·费德勒以及纳达尔都获得了 20 场大满贯冠军，而这场胜利使纳达尔超越了德约科维奇和费德勒，登上了男网历史上主要赢家名单的榜首，成为历史上第四位至少两次赢得全满贯的男选手。

在经历了 5 小时 24 分钟精疲力竭的对打之后，纳达尔最终在五盘比赛中以 2-6、6-7（5-7）、6-4、6-4、7-5 获胜，比赛一直持续到凌晨 1 点后才结束。最后一场比赛中，世界排名第二的梅德维德夫一度以 5-5 将比分扳平，但排名第五的纳达尔在第 11 局实现破发，并在接下来的发球局获胜，最终锁定胜利。这是历史上继 2012 年纳达尔五盘负于德约科维奇之后第二长的澳网决赛，当时德约科维奇在 5 小时 53 分钟的比赛中获胜。

据澳大利亚广播公司报道，纳达尔赛后在全场热烈的掌声中双膝跪倒在球场上。之后，他与陪同后勤团队一起庆祝了这非凡的时刻。对纳达尔而言，这是一次尤其宝贵且特殊的胜利。这位 35 岁的球员在 2021 年时因足部受伤提前结束了赛季，之后他的康复过程也并不顺利，2021 年 12 月时还确诊过新冠。

在颁奖典礼上，纳达尔表示十分珍惜这来之不易的胜利，他也感谢团队和身边人一直以来的支持。"这可能是我网球生涯中最激动人心的事情之一。"尽管纳达尔仍想在未来回到这片球场，但不排除这是他的最后一场澳网公开赛的可能性。

本场对手也是去年澳网亚军的梅德维德夫称赞了纳达尔在两盘落后的情况下仍奋起反击夺冠并称其为当之无愧的冠军。

（陈梦媛，人民网，2022年1月31日）

我们发现有一些电视综艺节目也在制造一些冲突来提高收视率。因为这些人为制造的冲突既具有戏剧性，也具有不确定性，产生了一定的悬念，所以容易引起人们的好奇心。当然，综艺节目中人为制造的冲突并不能算是真正的新闻。

八、反差大的事件，具有新闻价值

在20世纪90年代，中国青年报摄影记者解海龙在安徽省金寨县张湾小学采访时，发现一个女孩渴望上学的眼神，于是按下快门。那张著名的"大眼睛"照片后来成为中国希望工程的代名词。为什么这张新闻照片引起社会关注？原因就在于其中所蕴含的反差。在城市里读书的孩子无法想象，在中国的贫困乡村，还有不少孩子为读书而发愁。由于家庭经济困难，许多孩子初中都没有读完就不得不辍学打工。

随着中国社会经济的发展，辍学的孩子越来越少了，但是仍然存在一些反差较大的事件。2020年，网络上一组小女孩在案板下面学习的照片成为热点新闻。女孩名叫柯恩雅，来自湖北省宜昌市五峰县渔洋关镇小学，当时上一年级。而她上网课的地点，是妈妈卖卤菜的一个摊位。照片中，小恩雅坐在案板下，认真盯着电脑屏幕上的课程，坐姿非常端正。而案板上，摆放的是各式各样的卤菜。

"案板女孩"的新闻之所以传开，也是因为反差较大。如今，大部分城市家庭里孩子的学习环境都比较好，但是小恩雅在一个罕见的学习环境下依然认真学习，这正是新闻的价值所在。

  一般教师上课都是在地球上，当航天员在太空上课，是不是产生一种强烈的反差？神舟十三号乘组航天员、"太空教师"翟志刚、王亚平、叶光富为地面的孩子们上了一堂精彩的太空科普课。他们还和地面上的师生进行了互动，效果很好。上课环境的反差，让这一事件的新闻价值陡增。

  "反差"有时候通过照片表现更为直观，但是也不尽然。虽然照片冲击力强，给人的印象深刻，但有时候文字的力量同样深入人心。新华社于2005年6月2日播发了一篇长篇人物通讯《索玛花儿为什么这样红》，这篇通讯记述了优秀共产党员、四川省木里县马班邮路乡邮员王顺友的事迹。新华社记者跟随他边走边采访，所以文章生动，非常打动人心。王顺友在年复一年的工作中，一个人走在乡间的邮路上，路途漫漫，孤寂艰难。路上常常没有人说话和交流。王顺友作为邮递员，其特殊的工作状态，与我们一般人所熟知的邮递员工作状态截然不同。虽然环境艰苦，收入低微，心理上也需要忍受煎熬，但是王顺友热爱自己的工作，常年工作无差错。记者用感人的笔触将一些细节一一呈现。这篇优秀的人物通讯获得中国新闻奖一等奖。

第五节　新闻和作文不一样

  同学们日常接触比较多的是文学作品，可以说从上幼儿园开始就接触文学作品，比如，父母让大家看的绘本，或者是带插图的故事书。除了父母的言传身教，我们认识世界常常是通过文学作品来实现。

  文学的种类繁多。从体裁看，下面这些都是文学形式。如小说，是以刻画人物形象为中心，通过完整的故事情节和环境描写来反映社会生活的文学体裁。人物、情节、环境，构成小说的三大要素。小说既可以是现实题材，如作家路遥的《平凡的世界》，也可以是带着幻想、超越现实的题材，如吴承恩的《西游记》。如果按照篇幅长短来划分，小说可分为短篇、中篇和长篇。一般来说，小说内容都是虚构的。

散文也是文学的重要形式之一。这是一种抒发作者的真情实感、写作方式灵活的记叙类文学体裁。散文中"情"是最重要的，我们熟知的朱自清的《荷塘月色》《背影》都是高质量的散文。

剧本也是重要的文学种类，无论电影、电视还是舞台剧的剧本。剧本和小说的写作方式不同，剧本会具体到某一个场景什么人在场、表演什么内容。著名作家梁晓声荣获茅盾文学奖的小说《人世间》在改编成电视剧的时候，就需要另外写剧本，所以导演专门请了专业编剧来完成这个工作。

诗词也是特别常见的文学种类。既有古代诗词，也有现代诗词。诗词用字精练，却意蕴深远，充分体现了中华文字的独特魅力。

此外，报告文学、寓言、童话、文学评论等体裁也都是文学范畴。所以，同学们应该对文学的概念是有所了解的。

其实，大家对新闻也一定有所了解，只是可能没有特别在意。

前面我们已经说了，从前，人们获取时事资讯，往往是通过报纸、电视、广播等途径，在20世纪90年代，互联网变得越来越普遍之后，人们获取资讯的渠道已经发生巨大变化，通过移动终端进行信息查看成为目前最重要的方式之一。

我们从移动终端所看到或听到的新闻，和大家在书本上了解的文学形式是不一样的。同学们日常写得较多的作文应该是记叙文、议论文，也有同学喜欢写小说，很少写新闻。但是，随着每一个人自我表达的途径更便捷、方式更多样，会写新闻成为人们的基本素养之一。

那么，新闻和作文的区别在哪里呢？

首先，选材标准不同。新闻一定是新近发生的事情，体现一种变化，而写作文就没有这个要求。作文可以是最近发生的一件事，也可以是从前的事；可以是写一个人物，也可以是写一件物品。作文的素材显然广泛得多。

其次，时效概念不同。新闻贵在一个"新"字，对时效有较为严格的要求，需要有具体的时间、地点、人物、事件等，必须明确写出来。作文没有时效要求，甚至是一个含糊的时间都可以。

再次，结构方式不同。新闻的写作方式以"倒金字塔"型最为常见，也就是先写出重要内容，后面再逐一展开。详情我们在这本书的后面会具体再说。而作文的结构通常是"凤头猪肚豹尾"，中间用起承转合等过渡手法。

最后，感情表达不同。新闻除了"新"字，最重要的是"真实"。如果没有真实性，新闻就失去了灵魂，也就不能称其为新闻。它不需要多少抒情的内容，而是需要客观的态度。作文却往往需要充沛的感情，文艺性很强。

我们以一篇新闻作为案例来加以分析。

北京市开放型在线辅导平台近日开启
33万余名初中生线上做学伴

本报讯 "双减"后，北京市启动"中学教师开放型在线辅导计划"。3月15日，开放型在线辅导平台全面开启新学期的服务，面向全市初中生提供一对一、一对多的免费在线辅导。通过教育供给的创新，33万余名初中生在线上结为新型"学伴"。

从2016年起，北京市在通州区启动开放型在线辅导的试点工作，并逐步扩大至平谷、密云等9区。去年12月，北京市教委和市财政局修订完善并制发了《北京市中学教师开放型在线辅导计划（试行）》。文件明确，北京市从今年起，正式将在线辅导拓展至全市初中，覆盖646所学校的33万余名学生。

北京市教委委托北京师范大学"未来教育"高精尖创新中心搭建服务平台，辅导学科覆盖语文、数学、英语等9个学科，采用"一对一实时在线辅导""一对多实时在线辅导""问答中心""微课学习"四种形式。

北京师范大学"未来教育"高精尖创新中心执行主任余胜泉教授介绍，截至今年1月，在线辅导平台已完成东城、西城等全市其余9区的师生培训宣讲，覆盖全市所有初中生；累计招募辅导教师16991名，其中区级以上骨干教师9501名，占比约为56%。

"项目组深入分析了上学期的数据，为迎接新学期全市初中生的参与做足准备。平台还对课程内容进行升级，组织市级骨干及以上教师策划了一系列跨学科、高质量的精品主题课程，让学生在校内课堂教学、课后服务之后的'第三次教育消费'中，享受更多丰富多彩的课外学习资源。"余胜泉说。

"第一节课上，我准备针对八年级语文下册中的民风民俗主题讲一节单元互动课，从文中民俗归纳、语言品析到拓展寻找身边的民俗，将一个单元的四篇课文勾连在一起点拨思路，解决学生常见的疑难问题。"北京市骨干教师、大兴区第七中学教师杨海英已是开放型在线辅导平台上的"老教师"。

她告诉记者，为了迎接新学期在线辅导工作的到来，自己不仅制订了详细的教学计划，还调试好电脑设备，将在线辅导中涉及的拓展书籍摆上案头。除了每周一节"一对多实时在线辅导"，杨海英还会安排几小时的"一对一实时在线辅导"，解答学生的个性化问题。"在线辅导让我的学生遍布京城，不少'小粉丝'是一到答疑时间就会来上线交流。在线辅导让我把对知识的热爱传递给更多学生，带给更多孩子快乐和成就感。这是师者该做的，虽辛苦但也令我自得。"

据悉，下一步，开放型在线辅导平台还将通过升级智能问答系统、个性化学习资源推荐等功能，实现人工智能与教育的深度融合，为学生提供更加多样化、个性化、精准化的在线教育服务供给。

（常悦、韩莉，《现代教育报》2022年3月15日）

我们通过这篇新闻来分析一下上面提到的四点。

这篇新闻关注的是"双减"之后北京市教育部门的新做法，即开放型在线辅导平台全面开启。这就是一种新的变化，以前只有北京市少数区这样做，而现在已经全市推广。

在时间上，非常明确：从3月15日开始。从结构看，第一段已经把新闻的主要事实列出来——什么时间发生了什么事，涉及什么人——核心意思就是"33万余名初中生从这一天开始可获得免费在线辅导"。稿件通过对承担这一项目的北京师范大学教授、北京市大兴七中教师的采访，客观陈述了这一项目的积极作用。记者在叙述中基本不带个人感情色彩，这和小说、散文中那种随处洋溢的感情色彩完全不同。

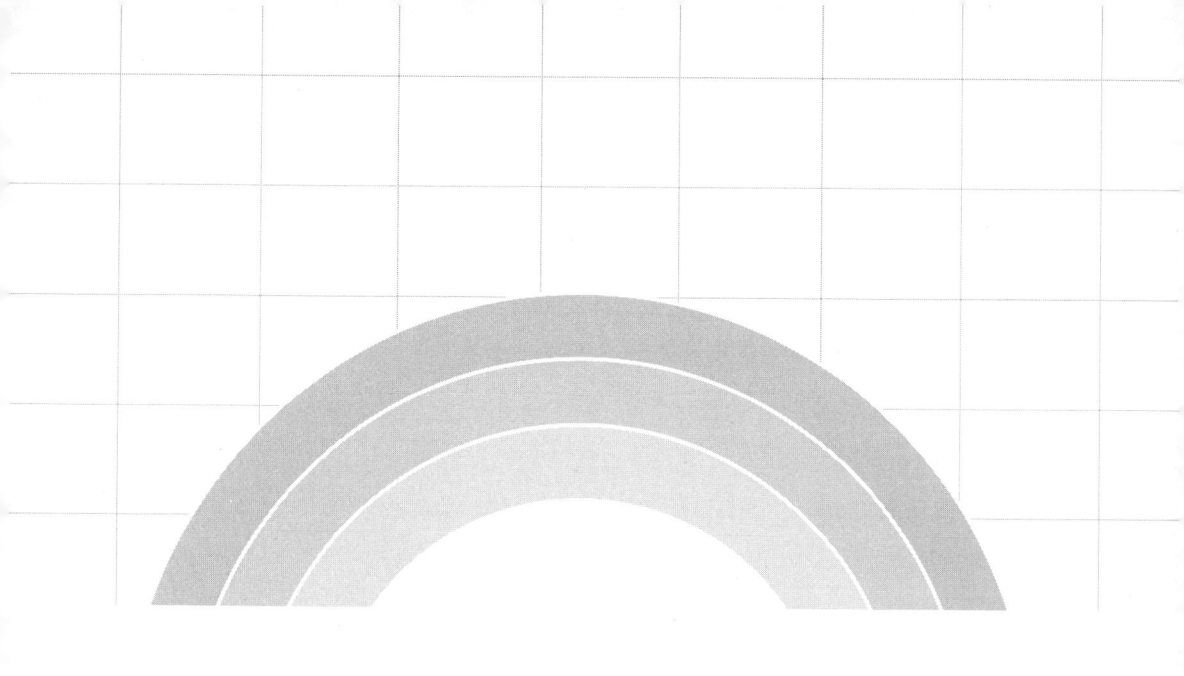

第二章
做小记者这些素质少不了

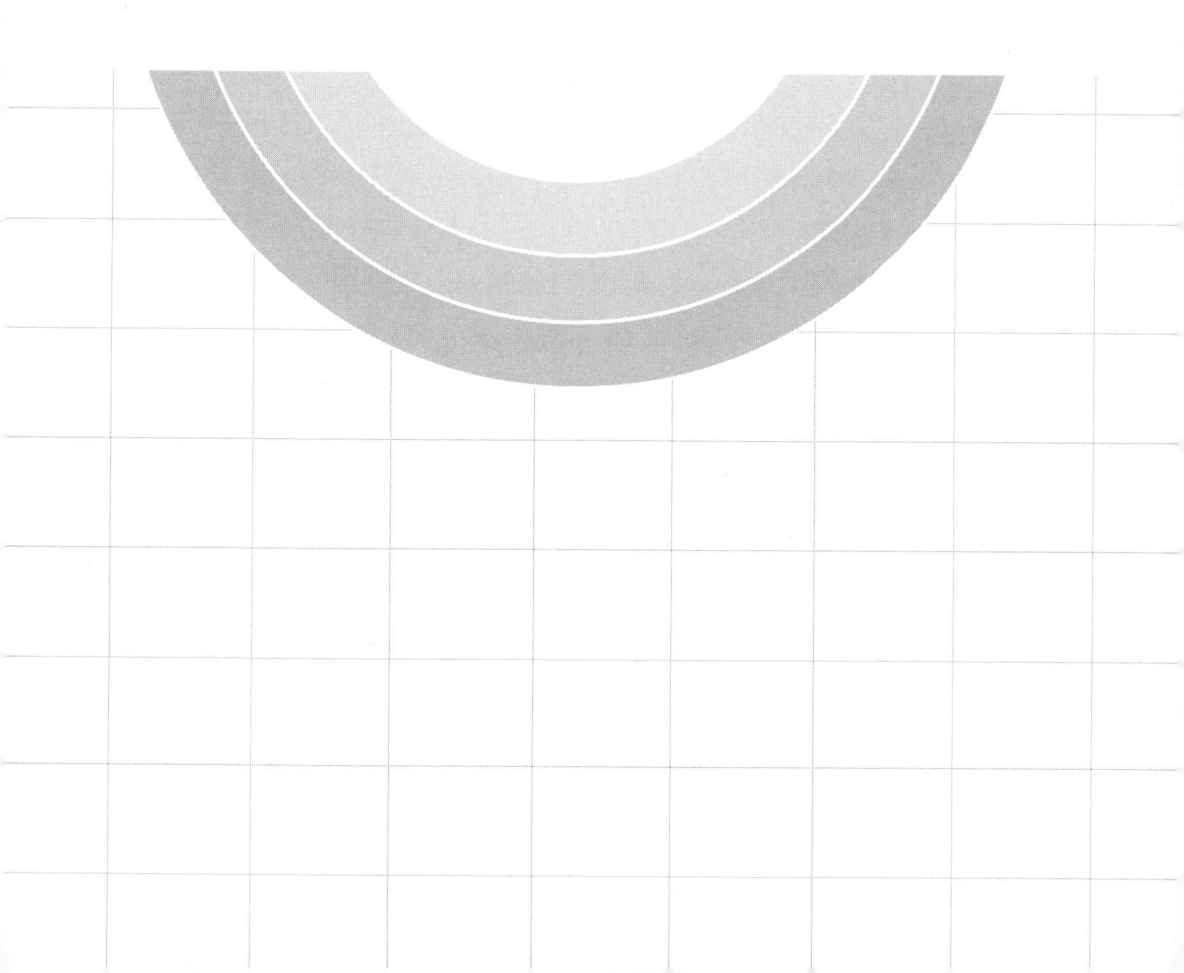

我们了解新闻的基本概念后，具体到每一位小记者，要想做好新闻工作，光知道一些基本知识是不够的，还需要具备一些素质。有些素质或许是天生的，但更多的需要靠后天努力习得。

第一节　新闻敏感是可以培养的

什么是新闻敏感？新闻敏感是一个记者在日常工作中迅速识别新闻事件的价值的能力。不可否认，有的人这方面能力可能与生俱来比较强，但是对大多数记者来说，都是靠慢慢积累而增长经验。许多新闻学院的大学毕业生到媒体去实习，一段时间以后就会发现，有些大学生就善于发掘选题，做出的稿件受到编辑们的青睐，发稿量就大；而有的大学生这方面能力就比较弱，难以找到好选题，上稿量自然就小。有经验的编辑老师会说，某某的悟性比较好，某某的悟性比较差。其实说的就是新闻敏感。

一、新闻敏感的重要作用

美国新闻学者约斯特说："一个不善于辨别色彩的人，不能成为一个画家；而一个没有新闻敏感的人，也不能成为一个记者。"的确如此，就好像著名雕塑大师罗丹所说，生活中不缺乏美，而是缺乏发现美的眼睛。作为小记者，只有具有一定的新闻敏感，才能捕捉到有价值的线索，并写出有分量的稿件。

也许有同学会问：具备新闻敏感，有什么重要意义？

首先，具备新闻敏感，才能从繁杂丰富的材料中发现线索，并且顺着线索去挖掘内容。

我们常常为精彩的新闻稿件所赞叹，其实很多稿件都发端于某一个线索，而线索的捕捉往往在于这个记者的敏锐性。大家都知道有一本反映红军生活的书《红星照耀中国》(《西行漫记》)，作者是美国著名记者埃德加·斯诺。这本书是埃德加·斯诺在延安的采访纪实。他和毛泽东、朱德、彭德怀等人的对话,让外界第一次看到红军的真实模样,在当时引起巨大的社会反响。斯诺是如何发现线索,并且到达延安进行实地采访的呢?

埃德加·斯诺于1928年离开美国密苏里大学新闻学院来到中国,在上海任《密勒氏评论报》助理主编,以后又任《芝加哥论坛报》、伦敦《每日先驱报》驻东南亚记者。他踏遍中国大地进行采访报道,九一八事变后曾访问东北、上海战线,发表报告通讯集《远东战线》。在上海,他认识了宋庆龄和鲁迅。1933年,新婚燕尔的斯诺来到北平安家,并且于1934年以美国《纽约日报》驻华记者身份应邀兼任燕京大学新闻系讲师。一方面是记者身份,另一方面是教师身份,这两个身份让斯诺对中国有了全面而深刻的认识。在燕京大学教书的过程中,他认识了大量思想进步的学生,这些学生对于中国命运的探索引起了斯诺的注意,斯诺对中国局势也越来越关注。当时的局面是日本加紧对华侵略,蒋介石政府"攘外必先安内",共产党所领导的红军则完成了长征来到了延安。斯诺逐渐萌生了去延安对红军官兵进行面对面采访的念头,并且得到了宋庆龄的支持。这才实现了他的采访目标,也就诞生了《红星照耀中国》这本光辉巨作。

所以说,一方面斯诺对于中国政局抱有极大兴趣,另一方面作为一名记者他对自己写出优秀作品有着很大的期待,在当时还没有多少新闻报道过红军,也没有多少记者近距离接触过红军。在外界对红军只是传说的情况下,斯诺选择亲身前往延安,说明他是一个典型的具有新闻敏感的记者。

其次,具备新闻敏感,常常会透过事物表面,挖掘出有深度价值的内容,从而进行深度采访报道,实现更大的社会影响力。

《北京晚报》曾有一位报道教育领域的记者李莉,日常工作中接触最多的自然是学生和教师。她在师生中间发现了许多新鲜的经历和新奇的想法,于是把这些写进报道,向读者们展示不一样的世界。《小学生查出九成鲜蘑被漂白》就是这样一篇报道。

作为教育记者，她经常去科技馆了解孩子们做的小课题。2010年，北京西城区青少年科技馆周老师指导一名学生做的"蘑菇漂白调查"引起了李莉的注意：蘑菇是大家常吃的食品，而且一直被认为是营养丰富的菜品之一，但是学生调查发现，很多蘑菇都有被漂白的嫌疑，实验数据也证明多数蘑菇并不安全。而这是广大消费者所不知道，也没意识到的。学生用自己的方式关注生活中的食品安全问题，不仅有说服力，也能让大家更加关注食品健康。李莉意识到这虽然是一个小学生的调查，却是社会热点，值得好好写一写。李莉和周老师讨论之后又仔细阅读了学生论文，并根据实验结果算出了样品蘑菇被漂白的比例。计算结果显示，九成鲜蘑菇都含有漂白剂成分，这个比例在论文中并没有直接提出来，但作为新闻报道，算出这样直观的比例之后，读者更容易一目了然地了解事情的严重程度。之后她又对指导学生的高校教师进行采访，了解实验进行的具体过程，确认实验的可信度。

最终，李莉写出了《小学生查出九成鲜蘑被漂白》一文，报道引起社会广泛关注，北京市工商局立即对市场上的蘑菇进行了相关检测。这篇文章被评为北京新闻奖一等奖、赵超构奖一等奖。

如果李莉在日常工作中没有发现新闻的能力，没有新闻敏感，就不可能从一个小实验中发现背后蕴藏的关乎老百姓食品健康的大问题。

最后，具备新闻敏感，可以帮助记者从貌似普通的新闻中发现新内涵，写出具有新视角新观点的新闻稿件，从而在同质竞争中高出一筹。

《北京青年报》有一位长期报道政法领域新闻的女记者李罡，她常常从看似平常的法治新闻中发现不凡的价值。2007年6月，李罡采写的消息《少年罪犯判决书要附肯定语》荣获第16届北京新闻奖一等奖。这篇作品获奖，同样是她长期关注司法改革、从小变革中挖出大新闻的有益尝试。

2006年3月20日，北京市门头沟法院召开新闻发布会，通报该院将根据中央对未成年人犯罪"教育、感化、挽救"为主、惩罚为辅的新方针推出新举措。今后在未成年罪犯的判决书上，不仅要和传统判决书一样写上未成年罪犯的犯罪事实、法律根据、量刑结果，还将通过此前推出的社会调查员的调查，在判决书上写上该名未成年罪犯的优点，以鼓励犯了罪的孩子不要自暴自弃，肯定未成年罪犯身上的闪光点。

由于其他京城媒体都将报道的重点放在案件报道上，门头沟法院的此项新规以及当天按照新规宣判的一个未成年人犯罪的案例，并没有引起其他媒体的特别重视，多家媒体都以一个"豆腐块"应付了一下。

在传统观念和做法中，犯了罪的孩子和犯罪的大人一样，都会被贴上"罪犯"的标签，对失足少年的成长和今后工作、生活产生负面影响。而此前所有未成年罪犯的判决书里也从来没有出现过肯定未成年罪犯优点的内容。所以记者立刻敏锐感到，这非常能够体现我国司法在未成年刑事审判中的进步。

作为长期从事政法报道并关注未成年人犯罪的记者，李罡参加完发布会就觉得门头沟法院的做法虽然事情不大但是非常独特、鲜活，判决书中从没出现过的几句肯定罪犯优点的话语，内涵和张力巨大，既体现了法院落实中央要求，对未成年人犯罪"教育、感化、挽救"的新精神，又十分贴心、暖心。

发布会结束后，她从众多的发布会材料中准确地抓住未成年判决书中从未有过的"要附肯定语"的新闻撰写了一条消息，后面还附了一篇首个获得肯定语的未成年罪犯的现场采访特写。一个严肃的司法报道呈现在报纸版面上之后，标题非常鲜活、打动人，内容有消息、有特写，既全面、又生动。

一个未成年罪犯判决书要写上被告优点的小举措，通过提炼和呈现，就像一颗小小的水滴，形象地反映出了我国司法改革背景下人性化司法在未成年刑事审判中的巨大进步。该消息刊发之后，被多家媒体和网站转载，成为未成年刑事审判报道中以小见大、主题鲜明的经典之作。

二、如何增强新闻敏感

既然新闻敏感对小记者来说这么重要，它可以决定稿件的独特性、深度、专业度，那么，如何增强自身的新闻敏感呢？

（一）提高政治水平

新闻虽然讲究客观性，但必然是有政治立场的。所以，必须有一定的政治理论水平，才能写出好的新闻作品，才站得高、看得远、想得深，否则容易浮于表面。

从某种意义上讲，采写新闻首先就得考虑政治因素，这在每一个国家莫不如此。具备了政治高度，你所写出来的作品才不一样，你所想到的点才不一样，才能从一般事实中看到独特之处，从小事之中看到重大的社会意义。

对小记者来说，提高政治水平的最好方式就是多看新闻报道，尤其是时事新闻报道，然后多思考。比如，从世界上局部地区冲突中你能看出什么问题？从国内股票市场的震荡中你又认识到了什么问题？这背后都有深意。经过认真的了解和思考，政治水平提高，下笔才能找到所要表达的魂。

（二）扩大知识面

做记者一定要注意知识面的积累。所谓"读万卷书，行万里路"，做一个知识面宽的人，既要依靠大量的阅读，也要尽量多去一些地方长见识。

2022年2月，凤凰卫视的著名记者、评论员曹景行因病去世。曹景行的父亲曹聚仁就是一位知名记者，曹景行子承父业，从事了新闻行业。他博览群书，知识面很广，所以在做电视评论的时候才能纵横捭阖，观点鲜明，侃侃而谈。

记者经常面对的是各种专业人士，要和这些专业人士对话，就必须掌握一定的专业知识。中国人民大学附属中学曾经有一位小记者张钫，出身于文学艺术世家，采访过巴金、冰心、季羡林、王蒙等文学名家，并且出版了一本与这些大家的采访对话集《小苗与大树的对话》，发行了好几万册，在海内外引起相当的轰动。全国几十家电视台和重要媒体对其做了专题报道。2003年，受香港《明报》出版社的邀请，她和另外三位内地小作家与文学巨匠金庸先生在香港会面交谈，被港人戏称为四小侠和查大侠"香江论剑"。

采访这么多的文学大家，一定要阅读他们的代表作品，这样在采访的时候才能够有的放矢，提问到位。如果不去读他们的文章，那么采访时提问的质量就高不了，采访对象也会不满意。

作为小记者，阅读一定要注意几个方面。首先不能总是看手机文章，手机上的内容虽然也是阅读，但通常是碎片化的浅阅读。所以，一定要读书，而且不要只读一种书。有的同学就爱读文学书，这是不够的，也是不可取的，文学、历史、哲学、经济学方面的书都要尽量有所涉猎，一个人只读文学方面的书，眼界是受限的。现在一些新闻单位招聘记者编辑会特别注意这个毕业生有没有辅修过其他专业，辅修过新闻以外专业的人往往更受新闻单位青睐，因为他们的知识结构相对而言会立体多元一些。

除了阅读，在条件许可的情况下，也可以尽量到更多的地方去研学。比如，要了解红军的事迹，走进江西瑞金、贵州遵义等地，和只从书本上获取知识是完全不同的感受。实地看到的东西往往给人的印象更加深刻。

（三）提升观察力和判断力

一个出色的记者一定具有敏锐的观察力。记者日常会接到很多新闻线索，从众多线索中发现价值就是一种观察能力。同样参加新闻发布会，有的记者只是刊发主办方提供的新闻通稿，而有的记者则做有心人，通过现场观察和对通稿的字斟句酌，找到有价值的新闻点，写出不同凡响的稿件。对于有价值的新闻发布会，建议遵循两个"半小时"原则，即早到半小时、晚走半小时。在这多出的两个"半小时"里，通过和相关人士的交谈，往往会有新的发现。

判断力也极为重要。一场新闻发布会常有多个新闻点，那么哪个是最重要的？一个大型的新闻现场，比如，地震现场，可能到处都有新闻点，那么最关键的应该在哪里？这就和判断力有关，判断力一定要经过一定的专业训练才会日臻成熟。

第二节　新闻敏感之外的综合素质

一个合格的小记者，除了具备新闻敏感，还有一些素质必不可少。只有综合素质较高的人，才能将采写任务完成好。

一、责任感

记者的工作从表面看是写下一篇篇新闻稿件，或者拍出一张张新闻照片，而从本质上讲，则是对这个时代的关键节点的记录。若干年后，这些片段化的记录都将成为历史的证明。所以作为时代的观察者和记录者，一定要牢记自身的社会责任，严格要求每一篇新闻报道的真实性、客观性、公正性，对所采访报道的新闻负责，对新闻受众群体（看到、听到新闻的人们）负责。

新华社原社长穆青之所以和同事们采写了《县委书记的榜样——焦裕禄》这样的新闻名篇，就是因为他心中怀着深深的社会责任感。他为这样一心为人民的好书记所感动，才能写出好作品。这篇好作品传遍全国，成为书写共产党人无畏牺牲、忘我工作的典范之作。

二、爱写作

从这一点来看,记者和作家是有相通之处的。写作这件事很多人都能做,但是有云泥之别。由于基本功不同,加上后天的努力程度有差异,有的人写得就是精彩,有的人却怎么也写不出好作品。如果对写作不感兴趣,那么从前提上来看,就缺乏成为一个好记者的条件了。

美国著名作家、诺贝尔文学奖获得者海明威写过《老人与海》《丧钟为谁而鸣》《永别了,武器》等名作,事实上,在他的传奇一生中,也当过很长时间的记者。他的第一份工作就是在《堪萨斯星报》担任实习记者。这份报纸要求记者写稿时文风简洁有力,不要使用陈旧的形容词和过时的俚语,这些特点在海明威日后的创作中被保留了下来。一年后,海明威去了欧洲战场参加第一次世界大战,回到美国后,他继续从事记者工作。在新闻体的写作方式以外,他发现了新的文学天地,逐渐成长为一位出色的作家。

许多优秀作家都是记者出身。出生于哥伦比亚的著名作家加西亚·马尔克斯因其作品《百年孤独》而闻名世界,即使他成名以后,依然以自己从事新闻行业为荣,他认为没有比记者更好的职业了。

大家耳熟能详的武侠小说名家金庸也常年从事新闻工作。早在20世纪40年代,酷爱写作的他就在《大公报》工作,后来到了香港,金庸又办了《明报》,并且极其注重报纸副刊的发展,他所撰写的14部武侠小说取其书名的第一个字正是"飞雪连天射白鹿,笑书神侠倚碧鸳"。有人说,《明报》在香港能生存下来,全靠金庸的写作能力。

三、好身体

当记者不仅是一项脑力劳动,也是一项体力劳动。我们说新闻工作者要加强四力:脚力、眼力、脑力、笔力。这"四力"当中,包含了身体素质、观察能力、思考能力和写作能力,缺一不可。身体素质可以说是基本条件。

采访和写作对身体的要求都比较高，视频记者更是如此。有时候遇到重大活动，记者要辗转多地，或者不停奔波，没有一个好身体是断然不行的。

在体育记者的时间表里，几乎没有双休日休息的概念，因为越到周末，体育赛事越多也越重要。媒体和观众对赛场之外的报道同样相当重视，这就让记者们在一周中的另外五天也难得空闲。如果碰上大型的综合性赛事比如奥运会、世界杯、世锦赛等，时间集中，信息繁杂，报道时效要求高，则更是劳苦无度，没有极佳的身体素质和精神状态，是难以完成报道任务的。如果记者到国外进行赛事采访，由于经费和名额的限制，一名电视体育记者往往要身兼数职，既当编导，又当摄像，还要管技术、后勤等。所以，只有拥有好身体，才能做好工作。

有的体育记者为了做好奥运会采访，提前数月锻炼身体。还有摄影记者和电视摄像，也很不容易，他们每次出去采访，都要背着沉重的摄影摄像器材。试想，参加奥运会采访的摄影记者，有时一天要跑好几个场馆，没有一个好身体又怎么行呢！

四、好口才

一个优秀的小记者，如果能有好的口才，则是锦上添花。记者是一项与人交流的工作，需要有比较好的口才，并且说话、提问得体。小记者在进行采访时，无论对方是什么社会地位，都应该站在平等位置上对话。这时候，如果口才好，是可以获得采访对象的肯定的。当然，好口才是以思想深度为基础的。

上文提到的小记者张钫，得益于爸爸在中国作协工作，有机会采访一些名作家或名人。日常她不仅喜欢阅读，而且善于在阅读中捕捉细节和一些微妙的情感。有一次，她在阅读了季羡林先生的散文后，去采访季老。她问季老写散文时是不是最爱写三个主题：妈妈、小动物和花儿。季老一想,好像还真是这么回事,自己的散文里这三类主题的确写得挺多。小记者张钫的归纳能力得到季老的连连夸奖。

口才好并不是口若悬河,也不是花言巧语,而是经过积累沉淀、深思熟虑后的有针对性的提问和表达,在对谈中达成与采访对象的情感共鸣和信息共享。

口才好往往能带来其他的好处,比如沟通协调能力、人际交往能力等的提高。北京青年报社从 20 世纪 80 年代开始创办了学通社,也就是面向中学生的通讯社,从此一批又一批的小记者从这里走出来。著名主持人那威就是最早一批的学通社成员。那威曾经说,学通社那段生涯给了他极大的历练,尤其是在人际交往方面,为他以后在各个领域自由拓展打下了基础。

五、学外语

随着全球化的推进,对小记者来说,外语的重要性不言而喻。掌握一门或多门外语,将会打开更宽广的天地。以前,有国内记者到国外去采访,聘请当地的华人或者留学生作为翻译,这一方面增加了新闻单位的经济成本,另一方面极易发生翻译不到位而信息流失的现象。

中央广播电视总台的记者、主持人水均益毕业于兰州大学英语系,曾在新华社国际新闻编辑部工作,英语水平很高。伊拉克战争期间,水均益赴战地进行采访,英语成为他关键的采访工具。在他的新闻生涯中,他采访了上百位国际名人政要。如果没有良好的英语基础,是很难高质量完成这些采访任务的。

近年来,人民日报、新华社等中央级媒体在招收摄影部、体育部记者时,尤其注重应聘毕业生的外语水平,为什么呢?因为这两个部门的外事采访较多,所以对外语的要求很高。不少摄影记者并不是学摄影出身,而是爱好摄影的外语专业毕业生。

六、有韧性

做记者要有百折不挠、从容应对的韧性。在日常采访中不顺利是常见现象，比如，采访对象拒绝接受采访，或者双方采访时间总是不合适。面对这些不顺利，记者一定要想方设法进行突破，有时候再坚持坚持，再多一点韧劲儿，局面就会出现改观。

由于种种原因，记者的采访环境并不十分宽松，记者采访吃"闭门羹"、被"踢皮球"甚至受到人身伤害的情况都会发生。在这种情况下，要想成功采访到第一手材料，必须有百折不挠的韧性。

这种韧性，首先表现在对事实真相锲而不舍的追求和挖掘上。如果一遇到困难和问题就逃避，是不可能写出一篇好作品的。新华社河南分社高级记者李钧德曾经历过这样一次采访。2007年初，河南省濮阳县一些干部群众向新华社记者反映，作为省级重点扶贫县，濮阳县刮起一股奢侈之风：县委县政府及一些县直机关竞相建起豪华办公楼，这些单位的领导也纷纷搬进高档住宅。最大的一套领导别墅，面积竟然600多平方米。

为了盖办公大楼，有的单位不惜挪用下岗职工的养老金等保命钱；有的则四处"揩油"，增加企业和社会负担；有的办公楼已竣工几年，还欠着人家的工程款，以至于影响了社会稳定。

接到线索后，新华社记者李钧德前往采访。然而，采访异常艰难。第一次去濮阳，刚到采访现场，当地领导就迅速赶来，对他寸步不离地"贴身"陪同，采访一直无法进行。随后，当地领导又通过各种关系，找记者和分社领导说情，希望新华社不要再做这个报道。

这些阻力没有让李记者轻易止步。正面不好突破，就迂回包抄。一方面，在分社领导的支持下，李记者与当地知情人联系，进一步了解濮阳县兴建豪华办公楼和领导别墅的详细情况，以及国家的相关政策；另一方面，他又多次主动和省市相关职能部门联系，说明濮阳县问题的严重性，并将采访到的情况与他们沟通，希望得到支持和配合。

李记者的韧性和坚持，不仅赢得了当地知情群众的信任，群众为调查提供了许多有价值的信息，而且使省市相关部门不得不开始主动出击，对事情展开调查，并最终在记者第二次到濮阳采访时，将初步调查结果向记者"和盘托出"。在认真核实相关细节后，李记者很快写出了深度调查稿件《贫困县刮起奢侈风》。

由于主题重大、采访扎实、文风朴实严谨，稿件播发后，引起了党中央、国务院的高度重视。包括濮阳县两任县委书记在内的18名责任人，分别受到党内严重警告、行政降级、撤销党内外职务等党纪政纪处分。濮阳县纪委办公楼和33套干部违规住宅被没收、拍卖。全国由此掀起了一场清理党政机关豪华楼堂馆所的风暴。在第十八届中国新闻奖评选中，《贫困县刮起奢侈风》被评为一等奖。

小记者们虽然没有太多的新闻工作经验，但是因为这个年龄段处在最好的学习阶段，所以学习能力强，接受能力也强。在日常生活中，只要做一个有心人，仔细观察、勤于阅读、刻苦学习、认真写作，假以时日，个人的采写水平和社会交往能力一定可以不断精进，日益提高。将来，无论是投身于新闻工作，还是从事与新闻相关联的其他工作，都会得心应手，驾轻就熟。

第三章

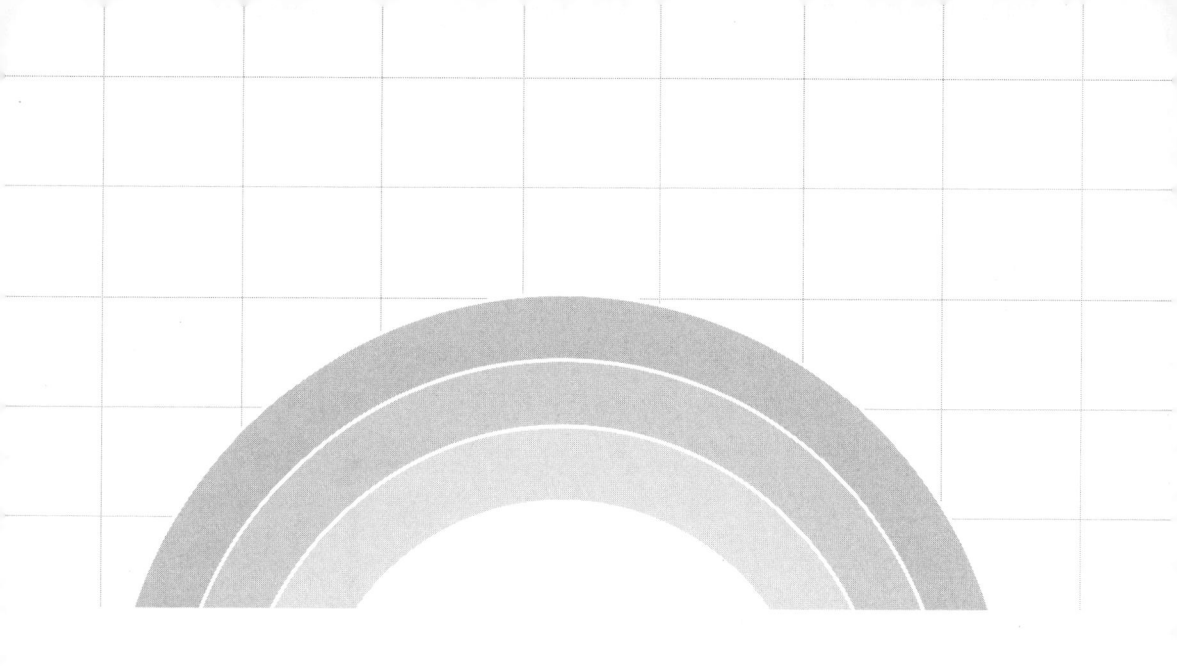

小记者的采访线索从哪儿来

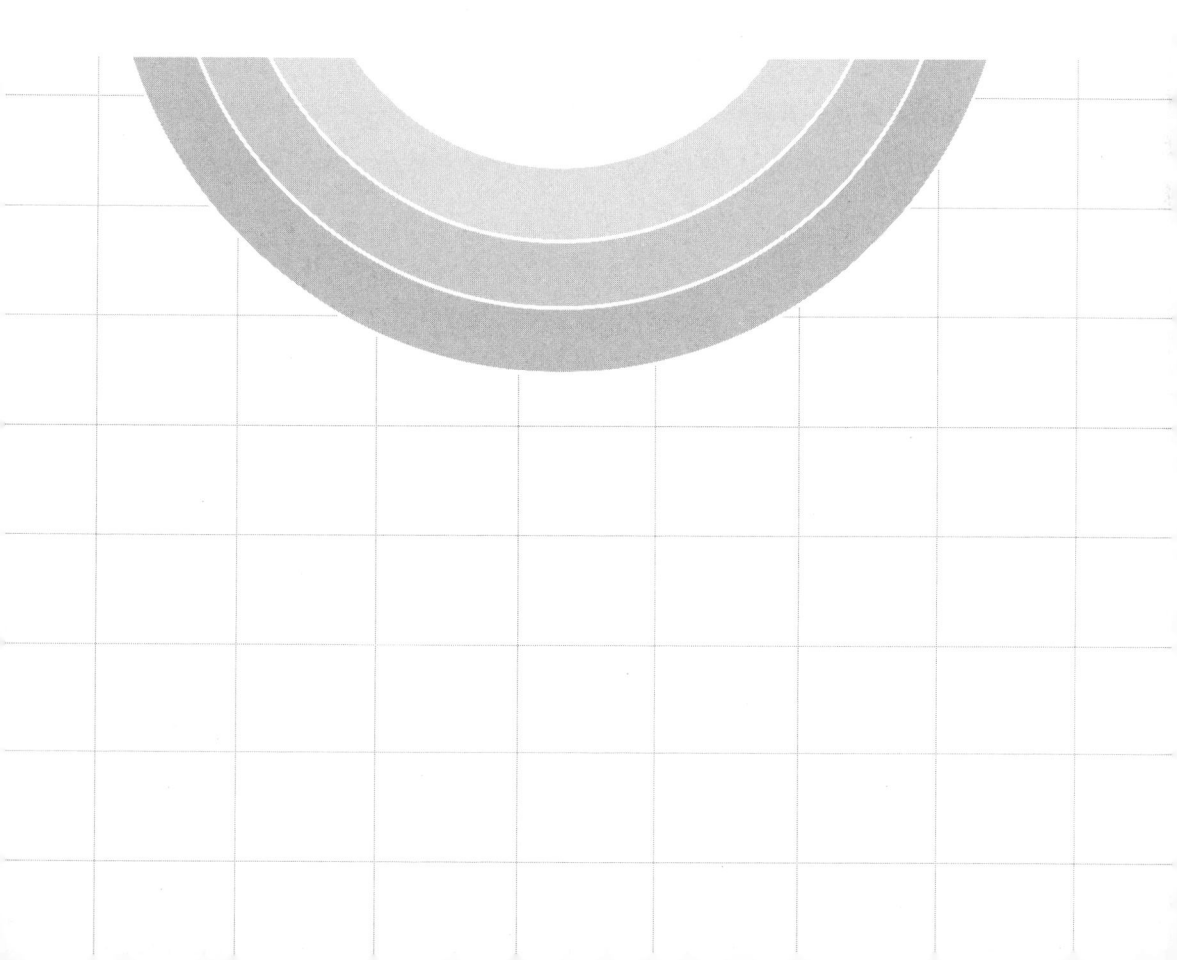

在新闻工作中，采访是极为重要的一环，是写出一篇优秀新闻作品的基础。所谓"七分采访三分写"，说的就是只有在充分采访的基础上，才能写出好内容。采访，是新闻工作者搜集新闻素材的过程，是新闻区别于其他写作方式的独特环节，这是一个记者的基本功。在采访过程中，会出现很多问题，比如采访对象是否配合、采访问题是否合适、采访环境是否嘈杂、采访时机是否恰当等，这些无形中都对记者素质提出了很高的要求。

第三章　小记者的采访线索从哪儿来

第一节　采访要弄清5个W和1个H

一、采访的任务

记者为什么要进行采访呢？我们知道，新闻的几个要素是5个W和1个H，分别是何人（Who）、何时（When）、何地（Where）、何事（What）、为何（Why）和怎样（How）。采访，就是要把这些要素搞清楚。如果用一句话概括，采访的任务就是要了解清楚有价值的新闻事实。

了解新闻事实并不是一件容易的事。新闻事实有些是一手材料，有些是二手材料。一手材料是记者到达现场或亲身经历而获取的材料；二手材料则是通过其他亲历者和目击者所获得的材料。非一手材料一般都被称为二手材料。

真正的记者一定是自己努力采集有价值的新闻事实，这样写出来的内容才可信、鲜活。记者参加的新闻发布会上，主办方会给记者通稿或者叫宣传稿，有些记者为了省事，将通稿简单改改就发了，但是有的记者就不满足于新闻通稿，而是希望通过自己所发现的新闻点进行追问，写出好文章。

由于互联网信息获取的便捷性和内容的丰富性，不少记者喜欢从互联网上获取事实。这当然无可厚非，但是一定要善于甄别，因为大数据时代，网络上的内容有时候的确真假难辨。《纽约时报》专栏作家凯南·马利克认为，互联网时代"真正的变化不在于新闻造假，而在于旧有的新闻守门人丧失了力量"。丧失了什么力量？那就是辨别与去伪存真的力量。

中共江苏省委机关报《新华日报》有一个深度报道工作室，主要以采写深度调查报道而闻名。工作室建立了"六讲""五问"自查自纠制度。"六讲"是：汇报线索讲信源、采访过程讲事实、判断新闻讲证据、提炼主题讲观点、行文结构讲逻辑、发稿流程讲规矩。"五问"是：是多信源还是单信源？是否多方交叉采访印证？是否形成证据链条？是否先入为主偏听偏信？是否轻信上当？这"六讲""五问"其实是在训练记者的基本功，调查报道对记者的采访能力要求更高，所采集的事实只有能够互相印证，而不是互相矛盾，才有说服力，才能接近事实真相。

我们来看一下这篇获得北京新闻奖二等奖的作品。

课堂上哈欠少了　意味小学生负担真正减轻了

市教委委员小学课堂"数哈欠"

本报讯　小学生上课时轻轻的一个哈欠，不经意间却让北京市教委委员李奕感到沉重。近日，李奕委员走进本市多所小学一年级课堂"数哈欠"。专家认为，课堂上"小豆包"哈欠少了，意味着学生负担确确实实减轻了。

"你们一年级每个班的学生都不少，不过我看了一下，小孩儿很少有打哈欠的。"上周，在崇文小学一年级听了一个上午的课后，李奕委员将这一感受告诉了该校校长白淑兰。

这不是新学年开学后李委员第一次在小学课堂上"数哈欠"了。开学不到一个月，李奕前往东城、西城、海淀等多个区县十余所小学，专门选择起始年级的一年级去听课，除了关注教学目标、教学进度、教学方法和学生活动等之外，"打哈欠"是他关注学生负担的一个很形象的指标。

"所谓'数哈欠'，是想看看一年级小学生在起始阶段的精神状态，也间接考量孩子的睡眠状况。"李委员告诉记者，六岁孩子上课是否犯困，和他们的作息安排、饮食习惯、学习内容、学习节奏和进度，甚至家住远近等直接有关。

相比前两年的观察，李奕发现今年小学新生课上打哈欠的人数已大幅减少，不过仍能在一些课堂中发现打哈欠的孩子，其中个别学校的哈欠现象不容乐观。据他现场统计，本市某小学一年级课堂上打哈欠的学生，一节课竟超过20人次。

"哈欠数能否降下来，既与学校的减负举措和实施力度密切相关，也与上学距离和家庭生活安排密切相关。"李奕委员表示，尤其是小学一年级，真正弄清并施行"零起点"教学，学校和教师严格按照课程标准开展教学，是减少甚至消除课上哈欠的关键。

"什么才是小学一年级教育教学的'零起点'？这需要教师依据每个孩子的特点进行个性化的诊断，真正尊重孩子的生命进程，心存敬畏地从零开始了解每一个孩子。"在李奕看来，除了严禁超教学进度"抢跑"之外，小学一年级教育教学"零起点"的重心更应放在习惯养成和学会交流上，比如，良好的作息和行为习惯，学会倾听和评价同伴，提高注意力等。

作为探索减负的一项举措，本市多所小学近年来悄然启动了多种形式的"零起点"教学。在北京实验二小，为帮助孩子幼升小衔接顺利过渡，一年级新生开学后前两周每天只需上半天课，两周后才上下午的课。史家小学则为一年级小豆包制定了朗朗上口的"一年级行为习惯养成儿歌"，在就餐、上课、做操、读书、书写等各环节引导孩子养成良好的习惯。有意思的是，这些"零起点"教学做得好的学校，也是课堂上"零哈欠"或"少哈欠"的学校。

（罗德宏、李培，《现代教育报》2014年10月8日）

从这篇获奖作品我们可以看到记者对新闻事实是如何搜集的。记者跟随教委委员去学校采访，本是日常工作职责，但是记者是有心人，他们通过仔细观察教委委员的行动，从不易察觉的数哈欠动作发现了有价值的新闻事实。课后，记者又进行了补充采访，并且还采访了其他学校的情况，在这样扎实的基础上采写的稿件自然生动且有说服力。

二、采访的基本特点

"采访"一词是现代新闻工作中的专有名词。正因为其专有,所以有一些其行业内的基本特点。

(一)调查活动特殊

采访是一种调查行为。社会上有多种调查活动,比如社会调查,就某一个问题进行多样本的采集调研;比如司法调查,带有公权力和强制力。新闻采访不同于其他的调查,它并没有强制力,但是不经过这样的调查,又无法完成新闻工作。采访是新闻工作链条上不可或缺的一环。可以说,缺乏了采访这一"特殊调查活动"的新闻稿件,将成为无源之水、无本之木。

在调查的过程中,记者通常尽可能多地占有资料,然后在大量的资料面前进行甄选,将有用的资料或者最重要的资料运用到自己的写作中去。

根据采访事件的重要程度分析,有的采访比较简单,有的采访比较复杂。也就是说,有的调查活动简单,有的调查活动难度较大。但是,无论难易,调查的基本方法是一样的。第一种方法是提问题。这也是最常用的方法。针对不清楚或者有疑问的方面提出问题,也许提出的这个问题就是稿件的新闻点。第二种方法是推测和验证。有经验的记者常常能发现一些问题的不同点,然后根据自己的经验或者是对某一领域的熟知程度进行推断。当然,如果只有推测,容易陷进先入为主的怪圈,所以还需要收集事实进行验证。第三种方法是质疑。在采访过程中,有时候眼见也未必为实,所以记者需要有质疑精神。许多假新闻的发现和揭露,恰恰缘于记者可贵的质疑精神。

(二)时间安排有限

由于新闻报道时效性的要求,采访工作的完成不可能无限期。一般来说，采访时间是有限的，有时会长一些，比如，做好一篇调查新闻可能需要一两个月时间，但也都有限度。

首都体育馆是北京冬奥会的速度滑冰比赛场地。由于速度滑冰是中国队的强项，夺金点多，所以每次比赛聚集的中国记者也多，有的媒体会同时派出文字和摄影好几位记者采访。在这种情况下，记者都处于"战斗"状态，场上的比赛紧张，场外的媒体人也很紧张——他们需要抓紧采集事实，并且在有限时间内完成稿件，然后发给报纸和新媒体端。

（三）沟通合作频繁

新闻采访工作常常不是一个人"单打独斗"就可以完成，而是多人合作完成。首先，前方采访记者需要和后方的编辑不断沟通，采访通常在反复沟通中确定主题；其次，一项采访任务多人参与的情况也很普遍，这就需要记者之间相互沟通合作。仍以北京冬奥会的采访为例，在中国队可能夺金的比赛采访中，一家媒体派出的多位记者并不只是来自体育新闻部，还有其他各个部门。这个时候，体育新闻部的记者由于历经的赛事多、经验丰富，就需要在沟通协作中担负起核心作用，比如，根据自己整理出的焦点人物和事件进行任务的重点布置，并将所搜集的资料交给临时加入的同事，最大限度做到集中兵力共同作战。

（四）知识要求全面

记者是"杂家"。知识面宽的记者，采写的内容更精彩。就新闻单位来说，每一个记者一般都有一个报道领域，我们通常称之为"跑口"。有的记者跑口财经，报道的就是财经新闻；有的记者跑口教育，报道的就是教育新闻；有的记者跑口房地产，报道的就是房地产新闻……不一而足。所以，就某一个专有领域的跑口记者而言，不仅应是杂家，还应是专家。

专家型记者，是对一名记者的高层次要求。做一名专家型记者，一定对这个报道领域有着深刻而全面的认识，并且具有新闻敏感性。

张继民退休前是新华社国内新闻部政文室的科技记者。他当年到政文室工作时，已有记者跑国家科委、中国科学院机关等部门，分给他的是科协、测绘局、海洋局、地震局这些"冷门"单位，被认为是新闻的"贫矿区"。张继民要做出成绩，只有拼命挖"矿"。

张继民采用"笨办法"，一家一家地跑研究所，捕捉第一手材料，跑基层、勤追踪，发掘出很多新闻线索，采写出许多只有他掌握的独家报道。如20世纪80年代末和90年代初的中国科学家秦大河首次横穿南极大陆、发现雅鲁藏布大峡谷是世界第一大峡谷等重量级稿件。

正是因为张继民对科技领域肯下功夫，钻研得深，才能在机会来临的时候把握住，成为一名优秀的新闻工作者。

（五）工作强度偏高

新闻工作最关键的两个环节就是采访与写作，这两个环节都蕴含了艰巨的工作。跋山涉水、宵衣旰食，对记者来说是家常便饭。有时，采访环境非常恶劣，记者根本不可能去讲究吃穿；有时，采访任务接二连三，为了完成使命，必须有所担当。

2008年5月12日，汶川发生特大地震。刚刚采访完北京奥运火炬珠穆朗玛峰传递的北京青年报摄影记者崔峻在第一时间到达灾区，再从都江堰徒步40余公里，伴随着余震、塌方、泥石流和小雨，用16个多小时到达汶川县映秀镇，并通过海事卫星发给报社大量的反映震中灾情和救援情况的照片。接受笔者采访时，崔峻说，虽然当时身体已经非常疲惫，但是作为报社最先到达地震现场的记者，丝毫不敢懈怠，想尽一切办法，力争向后方传回更多有价值含量的图片和文字。

第二节 采访需遵循的原则

小记者在采访过程中，为了便于开展工作，需要遵循一些原则。

一、亮明记者身份

一般情况下，在采访一开始，就要亮明自己小记者的身份。除非在暗访的情况下，不必亮身份，不过作为小记者通常不会参与带有一定危险性的暗访。当小记者亮明身份的时候，采访对象会更加认真地对待采访。

二、说明采访目的

既然是采访，要让采访对象明白采访目的。有时候不一定需要把采访目的描述得太细，但至少让采访对象有所了解。有时候，记者的采访意图需要在和采访对象交谈的过程中分析捕捉，所以说明目的可以让采访对象在一个大的框架内讲解，防止跑题。

三、尊重采访对象

采访一定要把自己放在和对方对等的位置上，不因对方地位高而仰视，也不因对方地位低而俯视，需要本着相互尊重的原则，这样才会产生较好的采访效果。

四、确定采访时间

这里说的确定时间指最好与采访对象商量整个采访大概需要花费多少

时间，这样双方心里都比较有数。做过记者的著名作家刘白羽说："在最短的时间做最深入的采访，是记者工作的最大特点。"有时候采访对象给的时间比较宽裕，比如一小时，甚至更多；有时候给的时间就很紧张，比如只有10分钟。这就非常考验记者的水平，如何在那样短的时间内问到关键问题呢？

让我们来看全国两会上的两个案例——

2021年3月7日上午，全国政协十三届四次会议的第二场"委员通道"正式开启，全国政协委员、江苏省锡山高级中学校长唐江澎接受中外记者提问。首先提问的是中国教育电视台记者，由于双方都知道时间有限，记者只提了一个问题："教育的真谛究竟是什么？"应该说，这个问题比较宏大，不好回答。但是记者提这个问题是有背景的，那就是学校、家长对于学生分数的追求，还有各类培训机构竞争所带来的教育焦虑感。唐江澎校长对这个问题的回答，成为2021年两会上的一个热点。他说："分数固然重要，但分数不是教育的根本目标。如果教育只关注升学率，国家恐怕就没有了核心竞争力。""好的教育应该是培养终身运动者、责任担当者、问题解决者和优雅生活者，给孩子们健全而优秀的人格，赢得未来的幸福，造福国家社会。""教育，应培根、铸魂、启智、润心。"在4分钟的时间内，唐校长的讲话金句频频，令人印象深刻。

在2020年全国两会的总理答记者会上，中国日报的记者提问非常到位。记者问总理："我们注意到，今年您在政府工作报告中调低了城镇新增就业目标，调高了调查失业率。面对严峻的就业形势，请问总理，今年政府将如何遏制失业潮？如何帮助大学生和农民工找到工作？"就业问题是一个国家经济建设中的重要问题，记者的提问可谓问到了点子上。

五、保守信源秘密

信源，就是信息的来源。一般情况下，信源是公开的。但在做调查新闻的采访时，出于对提供信息者的保护，需要对信源采取保密的态度。因为在很多有价值的调查报道中，只有关键人物，也就是我们俗称的"线人"提供了关键线索，才能使事件真相大白于天下。

在 1972 年的美国总统大选中，为了取得民主党内部竞选策略的情报，1972 年 6 月 17 日，以美国共和党尼克松竞选班子的首席安全问题顾问詹姆斯·麦科德为首的 5 人潜入位于华盛顿水门大厦的民主党全国委员会办公室，在安装窃听器并偷拍有关文件时，当场被捕。这就是著名的"水门事件"。由于此事，尼克松 1974 年 8 月 8 日宣布于次日辞职，从而成为美国历史上首位因丑闻而辞职的总统。

首先揭露"水门事件"的《华盛顿邮报》一直拒绝公布告密线人的身份，时任总编霍华德·西蒙斯引用一部电影片名《深喉》作为线人的化名。从此，"深喉"成为秘密线人代名词。而"水门事件"中的这位"深喉"一直到 2005 年才揭晓，原来就是美国中央情报局前二号人物马克·费尔特。这时距离"水门事件"已经过去 30 多年。对"深喉"的保护，成为世界新闻史上记者对信源进行保密的经典案例。

第三节　小记者如何找采访线索

小记者经常遇到的问题是"让我采写新闻，我从哪儿找线索啊？"。确实，在日常采访中，有时采访线索是现成的，比如，记者被邀请参加新闻发布会，或者参加相关的活动，在这些会议、活动中往往就有新闻。但是，更多的时候并没有现成的线索，而是需要我们去找线索，这对记者来说就是考验了。

笔者了解的北京一家报社，在招收记者过程中有这样一个环节：让通过笔试后的人员走出报社，利用 3 小时的时间，采写一条 800 字左右的新闻回来。这是对从业者寻找新闻线索能力的考察。报社的负责人告诉笔者，这段时间里，有的人在街上漫无目的地逛，时间很快过去却一无所获；有的人却很有想法，去了王府井书店，记录了新书发布现场的情况；有的人则去了龙潭公园，写了一位大爷几十年锻炼身体练就的健身绝招。最后的录用结果自然很明了：有想法、善于捕捉线索的入围者才是适合做记者的人。

一、从重要文件或重要会议上寻找采访线索

我们每年都要经历不少重要会议，看到一些重要文件，而这些会议和文件就成为我们发现新闻的富矿。

许多人不喜欢开会，不喜欢看文件，认为会议和文件都特别枯燥。没错，有时候这些会议、文件是较为枯燥，但是只有认真阅读，认真钻研，才能发现别人看不到的线索，继而采写出好作品。开会时，不仅要注意会上，也要注意会下；不仅要注意会场内，也要注意会场外。多观察、多思考，新闻的火花就会绽放。

2018年9月10日，在全国教育大会上，习近平总书记指出，思想政治工作是学校各项工作的生命线，各级党委、各级教育主管部门、学校党组织都必须紧紧抓在手上。有的媒体从这一重要讲话中就发现了新闻线索，随即策划了"大中小幼一体化德育"专栏。

2017年11月20日，十九届中央全面深化改革领导小组第一次会议审核通过了《全面深化新时代教师队伍建设改革的意见》，这是新中国成立以来党中央出台的第一个专门面向教师队伍建设的里程碑式政策文件。一些媒体尤其是教育类专业媒体迅速行动，策划了一系列和教师队伍建设有关的选题。

有时，会议上典型性的人物、个性化的发言就成了新闻报道的"活鱼"。我们来赏析下面这篇会议特写，这篇特写获得第十三届中国新闻奖三等奖。

朱镕基："你的牛皮也太大了吧！"

中新社北京 2002 年 3 月 6 日电 "你的牛皮也太大了吧！"朱镕基终于忍不住插话了。

今天下午，国务院总理朱镕基和往年一样，"回家"参加了人大湖南代表团的分组审议。民营企业家梁稳根在发言时，急切地想让总理知道自己的远大抱负，不过，他却遭到了朱镕基善意的"一瓢凉水"。

梁稳根认为自己的企业在电力设备制造上很有优势。朱镕基盯着兴致勃勃的梁问："我问你，你现在做了多大的电力设备？"

"我们还没做。"梁稳根不好意思地说。全场听众大笑，朱镕基也禁不住乐了。

朱镕基劝梁说："我肯定你做不出来，因为全国能做 60 万千瓦（电力设备）的已经有 3 家了，设备都过剩，你到哪去找市场呀？"

梁稳根显然没有意识到朱镕基对电力设备行业如此熟悉，有点语塞，但又不甘心，想进一步解释。朱镕基接着提醒梁说："作为一个企业家，首先要观察市场，我不知道你的成功之道是什么？"

全场又大笑。朱镕基显然对湖南团的代表非常熟悉，不时和代表们亲切地说起家乡话。中南林学院的田大伦教授发言时，她因为感冒嗓子一下子哑了，几乎失声。朱镕基向前欠了欠身，关切地说："你把麦克风拿近一点。"

虽然都是老乡，但在一段时间里，朱镕基似乎都不留情面，像对梁稳根那样不时给发言者提醒。

湖南岳阳市人大主任刘泗元在发言时，提到一个纸厂。朱镕基立刻说："我知道那个纸厂的厂长，我去湖南的时候特别跟他讲，不要把洞庭湖污染了。"

刘泗元后来提到修建长江防洪的工程，朱镕基又和她有个简短的对话："没有豆腐渣工程吧？"

"目前还没发现。"

"发现就要撤你的职了！"朱镕基提高了声调。

（李鹏，中新社 2002 年 3 月 6 日）

这篇稿件很短，只有 625 字，却大量运用直接引语，表现出朱镕基总理实事求是、求真务实、风趣幽默的特点。人物描写十分形象，现场画面感极强。

再来看下面这篇稿件，也是从会议中发现重要信息。所以说，很多会议不能小瞧，只要我们有发现的眼睛，往往可以找到有价值的内容。

教师招聘季　博士"飞入"寻常中小学

本报讯　又是一年教师招聘季，今年将有更多的博士"飞入"寻常中小学。日前，北京市朝阳区教委在北京中学举办博士、博士后专场招聘会，在为期半天的招聘会里，吸引了来自全国各地近 150 名博士、博士后前来应聘。记者发现，博士应聘中小学教师已经成为新常态。专家指出，教师职业的吸引力逐年提升。高学历人才对中小学教育能起到一定的助推作用。

记者在招聘现场看到，此次前来的招聘单位有北京市第八十中学、北京中学、朝阳区第二实验小学、朝阳师范学校附属小学等中小学校。现场不少学校都打出了"名额不限"的招牌。北京市第八十中学副校长时芝玫介绍，朝阳区近年来十分鼓励学校招聘高层次的教师，对博士、博士后敞开大门，只要是符合学校发展需求的，都会给予编制、落户等方面的倾斜，还会为其提供安家费、保障性福利住房等优惠。

在采访中，记者发现，不少前来应聘的博士不仅仅看重就业机会，更是其兴趣使然。潘阳是北京航空航天大学土木工程系的博士研究生，在校期间发表多篇 SSCI 论文。说到此次前来应聘的缘由，她说，"得益于北京市高校支持中小学项目，我有幸走进了北航附小的讲台。成为一名志愿者教师，从而找到了自己的兴趣理想。"

在不到半天的时间里，中央美术学院附属实验学校校长姜源就收到了近十份简历，"很多博士都是985高校的毕业生，在交流中，我们着重看的是博士是否真心喜欢教育。随后我们再通过试讲、面试确定是否录用。"姜源说，相比几年前中小学里凤毛麟角的博士教师，而今不少中小学里的博士教师已经成为标配。华中师大第一附属中学、深圳中学等学校今年招聘的教师有不少都是博士，如华中师大第一附属中学招聘录用的九人中，超过一半是来自名校的博士。

对此，社会上也存在着博士生是高端的科研型人才，当中小学老师属于人才浪费等声音。在此次招聘会上，北京中学博士教师刘洪涛现身说法。他认为，博士的科研背景有助于课堂教学，其丰富实践有助于课程开发，多元特长有助于社团建设。他从教一年来，已经成长为学校优秀的青年教师。

对于博士应聘中小学，中国教育科学研究院研究员储朝晖分析，从某种程度上来说，教师这个职业正成为令人羡慕的职业。储朝晖认为，优秀的师资是教育质量的重要保障。高学历人才的加入，对中小学教育能起到一定的助推作用。同时，他也指出，中小学要充分发挥博士的个人优势，实现因材从教。

（郑祖伟，《现代教育报》2019年12月4日）

这篇稿件的特点在于其采访的多层面。记者通过一场招聘会发现北京市许多普通中小学已经开始引进博士毕业生这样一个现象。消息比较短，只有不到1000字，但在有限的篇幅中，记者的采访面很广，共采访了两位中学校长、一位前来应聘的博士生、一位已经在中学工作的博士、一位资深教育专家。这些采访对象站在各自的角度，谈了自身对于博士进中小学校工作的看法。通过这些采访，结合记者所看到的现场情况，这篇消息就显得内容全面立体、有说服力，对于广大博士生选择中小学教师作为职业目标也有了较为清晰的认识。

二、从传统媒体上寻找采访线索

报纸杂志也好，广播电视也罢，都属于传统媒体。传统媒体不仅自身是播发新闻的渠道，也是人们寻找新闻的渠道。

作为小记者，要善于发问：这些传统媒体上的新闻还有没有其他的报道角度？有没有新的报道思路？和周围其他事物是否有关联？

浙江工人日报的记者吴杭民于2002年的一天，偶然看到一份杭州某企业的企业报，上面登载了一篇小消息，说宁波将举办国际麻将精英赛，并称是"世界首次正式的麻将赛事"。吴记者看到后，带着质疑的态度对此事进行了追访，并且写出有力度的消息《是弘扬"国粹"还是媚俗》，顿时社会上许多人对举办麻将赛事感觉不妥，最后这一赛事停办。稿件获得当年浙江新闻奖二等奖。

请看下面的通讯，是记者从《扬州晚报》获得信息而进行的追访。稿件获得北京新闻奖一等奖。

"天价"为何请不动院士

"天价"招聘挺流行

近日，《扬州晚报》报道了徐州某师范院校开出百万"天价"招聘院士的消息。该高校给院士开出的价码是：一套面积不少于200平方米的别墅，一次性安家费50万元，年津贴20万元，配工作车和生活保姆……

事实上，目前开价百万年薪公开招聘院士的并非仅此一家，有消息说，近段时间以来，北京、广州、湖南、上海等地的少数高校都在以优厚的条件吸引院士加盟，江西一所大学甚至将院士招聘的价码开到了200万元。

"天价"招聘为哪般

谈及"天价"招聘院士，徐州某师范院校的孙老师说，目前，学校缺乏顶尖的专家队伍，"天价"聘院士，就是为了占领人才高地，使学校拥有超常规发展的机遇。同时，院士的品牌效应对学生的吸引力以及因此而带来的经济效益也不可否认。湖南一所地方工学院招聘院士的老师认为，院士坐镇，可以提高某一学科的学术水平，从而吸引更多的生源。

专家分析，招聘院士，实质上是看到了院士的社会影响。在竞争的时代，用常规的速度培养自己的专家需要很漫长的过程，要提高办学水平，加强学科建设，提高学校的科研成就，仅靠自然状态是不行的，需要院士这样能够代表某种学科领先地位的人才。有的学科点，有了院士，就可能争取硕士点、博士点。

院士不为"天价"动

昨天，记者在招聘院士的几所高校核实，发现目前仍然没有院士前去应聘。

广州某学院人事处负责人说，该校高薪招聘院士的工作已经进行两年了，但到目前为止仍然没有院士来应聘。而湖南、江西等地的学校也都遇到了同样的问题。百万年薪对德高望重的院士们来说，似乎并没有太大的诱惑力。某地区工学院人事处的一位老师反思道：就我们目前的科研条件来说，吸引院士工作还有难度。我们要先"练内功"。

中国工程院院士、北师大教授刘伯里分析说，院士是一个学术群体的优秀代表，在良好的团队精神和学术环境下，才能取得高水平的成果，如果只为高收入前去应聘，科研势必缺乏生命力。院士工作首先考虑的是良好的科研条件，"在我们这样的发展中国家，院士的待遇已经很高了，如果我们只为物质待遇而工作，会感到不安的。"

此风不可长

对于全国各高校竞相聘任院士的举措，有媒体近日发文指出：此风不可长。

目前，我国的院士都承担着国家重要的科研项目，不可能搞兼职，更不用说抽出时间来帮助这些高校解决科研难题了。有些高校聘请院士的出发点只是为了提高本校在社会上的知名度，或在学校的对外宣传中加入一条有多少名兼职院士的"亮点"，或为争取有关科研项目时能得到相关院士的支持和帮助。而实际上，有些高校连自己现有人才都很难留住，又何谈聘用院士呢？高校与其花重金聘请兼职院士，不如将这些资金更好地投入培养本校人才方面，为本校人才的培养创造良好的、必要的工作、生活和科研环境。

（廖厚才，《北京晨报》2002 年 1 月 7 日）

稿件从天价招聘院士频仍的现象、为何会出现天价招聘、天价招不到院士等多个层面进行了采访报道，条理清晰，层次分明，是一篇成功的分析性报道。

三、从网络上寻找采访线索

通过网络看新闻是当下人们获取信息的最重要来源。同样，从网络上找线索也是最主要渠道。微信公众号、微博、网站、评论区等都可能蕴藏着大量的新闻线索。现实中，许多记者也是这样做的。报道政法的记者对于法院在网上发布的信息很关注，说不定哪天的庭审就出现了某个名人的名字；报道教育的记者会关注教育部、教委发布的网络信息，也许重大的教育改革政策会出现在其中。

但是，由于网络信息良莠不齐，一定要学会判别。有些网络线索带有个人色彩，属于一面之词，容易对寻找线索者产生误导，这些问题均需注意。

四、从周围的朋友处寻找采访线索

小记者应该是小小社会活动家，要多交朋友，才能有更多信息源。有时候人与人之间只是闲聊，都可能带来新闻线索。那些某一报道领域的记者为什么线索多，主要就是他们在这一领域的熟人多，人脉关系网络建立起来了，自然会有人给他们输送信息。

五、从特殊日历中寻找采访线索

小记者可以给自己做一张特殊日历表，包括一些重要的节日、可预期的重大事件都可以在表上标注。比如 6 月 26 日是国际禁毒日、11 月 8 日是记者节，又如重大会议、重大赛事举办时间等，这些日子提前标好了，就可以预置选题，做好采访的准备工作。

总之，采访线索的发现表面上看是通过这些渠道，实际上归根结底还是看小记者的观察力、发现力、思考力，这不是一蹴而就的，需要经过较长时间的磨炼和积淀。

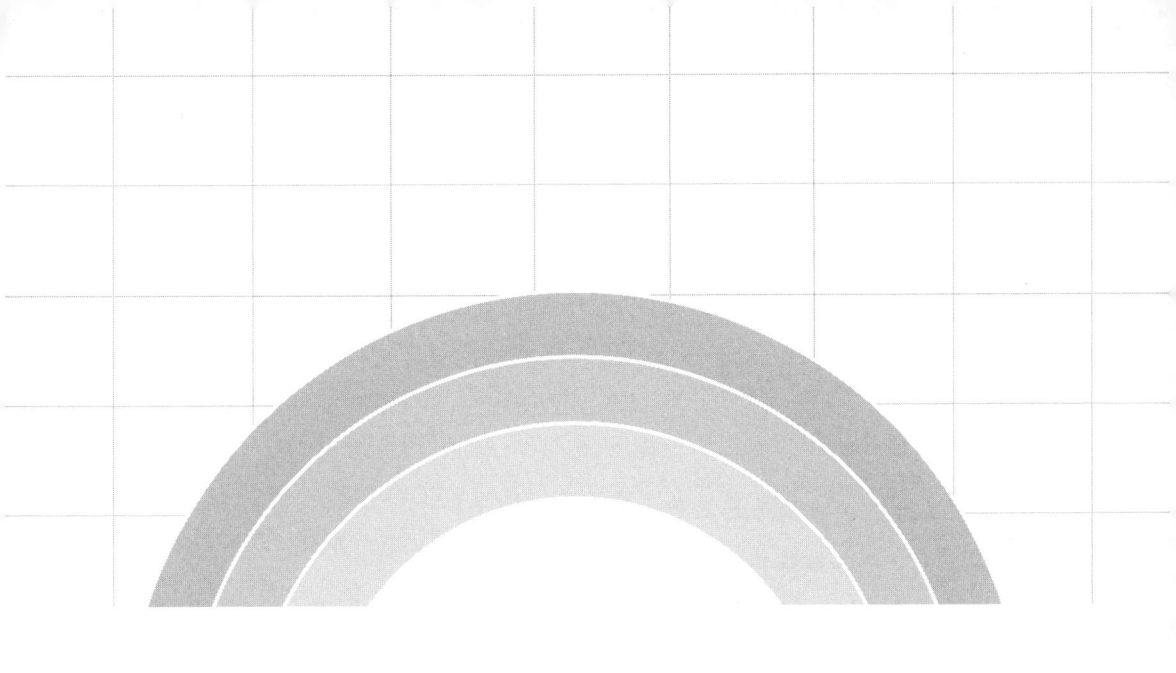

第四章
小记者要学会写采访提纲

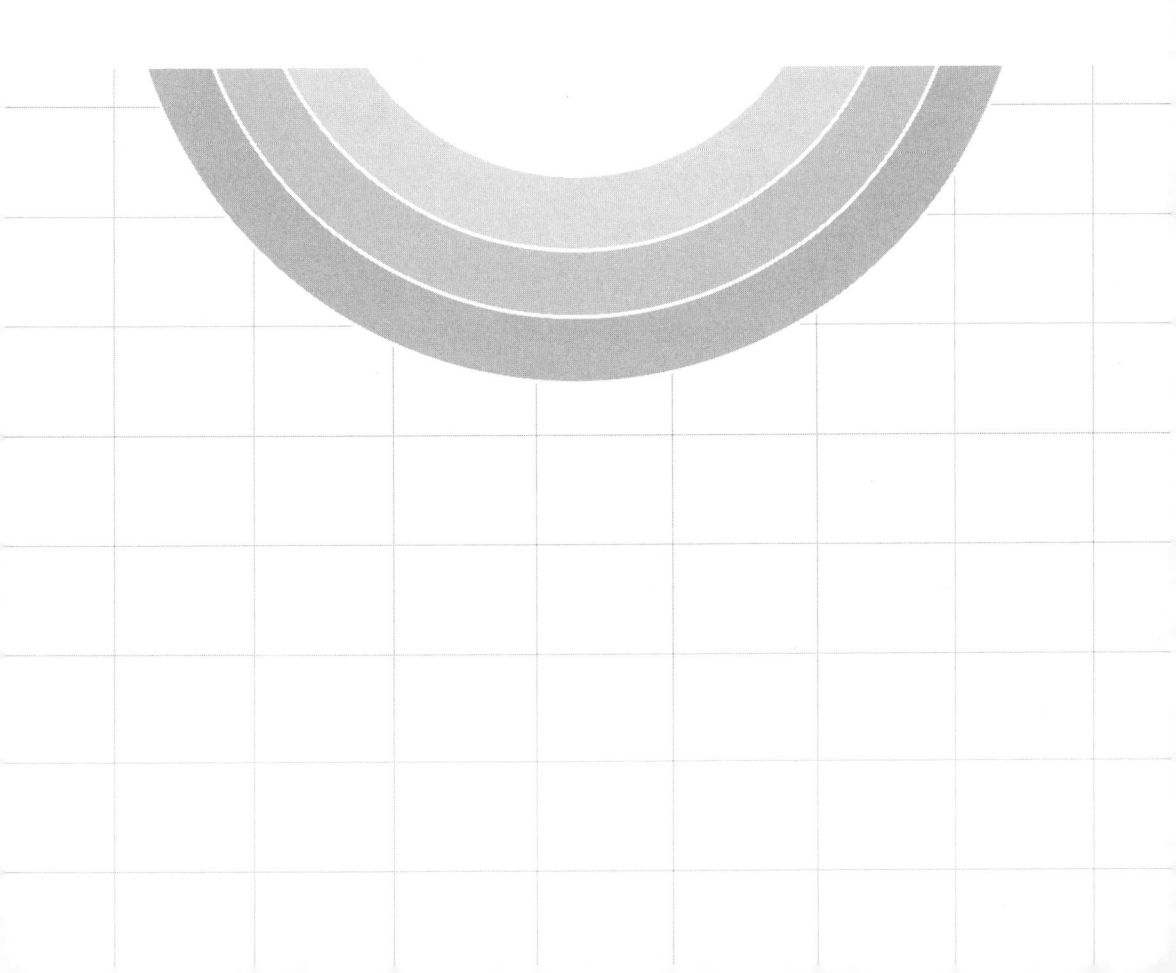

在开始正式的采访之前，需要做一些准备工作。准备工作除了笔记本、录音笔等物品的准备，还有更重要的内容。如果一个记者去和采访对象见面，却对采访对象一无所知，不仅自己心里没底，采访对象也不会满意，最后呈现出来的采访效果也不可能理想。

采访准备工作是否充分，体现了一个记者的职业素养。一些刚从事新闻工作的新手包括一些小记者，在采访前经常不知道准备工作从何做起，特别是在面对一些专业人士，比如科技工作者、大学教授等时，更感到无所适从。其实，只要积极做准备，能够就一些基本问题和采访对象对话，就能赢得采访对象的肯定。专家们也明白，作为一个记者如果对他所研究的领域有所了解就说明会面之前已经做过功课，是值得赞赏的。

意大利人奥莉娅娜·法拉奇是享誉世界的记者，她以采访世界政坛的风云人物而名扬天下。在改革开放初期，她对邓小平同志进行过两次采访，轰动一时。每次采访前一两个月，法拉奇总会阅读大量的材料并且做相关笔记，尽可能熟悉与采访有关的国际政治、经济、社会及其他情况，精心设计采访程序。谈到采访前准备工作的紧张程度，她说，"简直就像学生准备大考一样"。每一次采访，都是对她的"智慧和政治敏感的挑战，是不可能重演的事件，是消耗灵魂的一次人类实践"。

第四章　小记者要学会写采访提纲

第一节　采访前做个"小小研究者"

我们进行采访，要么是事件采访，要么是人物专访。无论是就事还是就人进行采访，采访对象都是人，所以一定要研究和了解采访对象。

一、收集和阅读资料

收集、阅读资料是了解采访对象的最常用方法。因为是采访前可以查阅到的资料，所以这些资料可以统称为背景资料。这些背景资料既可以帮助你了解采访对象，也可以在写作时起到丰富稿件内容的作用。

背景资料应该如何准备？下面以一个对教育问题感兴趣的小记者为例做分析。

（一）收集和阅读图书

如一位小记者要采访某一地区教育集团校的发展状况，可以先阅读教育集团校相关领导所撰写的书，或者和教育集团发展有关的书，从中了解教育集团发展的基本情况。

（二）收集和阅读媒体文章

传统媒体和新媒体是获取资料的重要来源，可以从媒体上收集大量的教育集团资料，经过整合、比对，就可以发现教育集团给地区教育发展带来的好处，以及需要完善的地方在哪里。

（三）收集和阅读相关材料

国家或地区对于教育集团化发展或者对于基础教育的优质均衡发展是

有相关文件、规定的，如果小记者将这些文件、规定找出来，在采访、写作中加以运用，则会使文章的立意明显提升。

这里，我以采访中央文史研究馆馆员、中国人民大学附属中学原校长刘彭芝的采访准备为例做分析。

2018年是改革开放40周年，笔者所在的新闻单位策划了"改革开放四十年教育人物"专访，其中笔者所采访的对象是中国人民大学附属中学原校长刘彭芝。刘校长是首都基础教育界的风云人物，人大附中在她的带领下成为国内最知名的中学之一。

由于刘彭芝校长超高的知名度，笔者在采访前也很有压力。从哪里入手呢？笔者首先阅读了刘校长写的书《人生为一大事来》，这本书将近50万字，内容非常翔实，涵盖了刘校长几十年教学、办学的实践和心得。在阅读过程中，笔者发现刘校长有一个突出的特点就是敢为人先，她前瞻的眼光和无畏的魄力令人钦佩不已。在她的带领下，人大附中敢于尝试教育教学改革，教师队伍水平不断提高，开展了超常教育、与国际上开展教育交流，每一步都走得不容易，每一步都是新的开拓。

在读完这本书后，笔者已经对刘校长的人物形象有了基本的认识，而且从字里行间已经能够感受到她的人物性格。此外，笔者又阅读了在网络上能找到的刘校长相关报道资料，这些材料对于采访起到了重要的补充作用。

对刘校长的采访进行得非常顺利，在交谈中，由于笔者准备充分，刘校长也打开了话匣，和笔者聊了两个多小时。笔者后来写成通讯《刘彭芝：人生为一大事来》。

二、采访准备因"类"而异

由于采访特性不同，有些采访是可以预知的，有充分的时间准备；有些采访则是突发的，几乎没有什么准备空间。所以，作为小记者，要培养自己应对各种情况的能力。

采访可以分为以下几大类来进行准备。

（一）重要会议的采访

重要会议由于时间一般可以预知，所以准备工作可以较充分。比如，每年的全国两会、五年一届的党的全国代表大会、少先队代表大会等，都可提前做采访准备。现在已经有越来越多的小记者参与这些大会采访，了解国家大事，了解与会者心声。

很多重要会议是周期性召开的，所以有迹可循。小记者可以查找以前会议的报道资料，学习报道采写方式。如果小记者有机会采访全国两会，就所关注的问题进行采访，可以怎么做呢？以采访"双减"问题为例，小记者可以联系教育界人士，问如下问题：一段时间以来"双减"工作成效如何？下一步"双减"工作如何推进？"双减"背景下教师工作强度大的问题有没有好的解决办法？学校作业该怎样设计以应对"双减"？这些问题搞清楚了，小记者对"双减"的基本情况也就了解了。

（二）重大活动或典型事件的采访

重大活动和典型事件几乎每年都有，我们也可以根据实际情况做准备。

以冬奥会为例，中国队在冰上项目的优势逐年提高，如果一个北京的小记者注意到冰球项目，该怎么做报道？

小记者可以这样考虑：北京有哪些中小学已经开展了冰球运动？各校分别是怎样的水平？一个学生学冰球需要家庭给予怎样的支持，每年花费多少？学冰球有什么好处，和学科学习如何平衡？能否找到教练、小运动员、家长进行采访？这些问题如果可以解决，那么将会是一次成功的采访。

（三）知名人物或重要人物的采访

对于知名人物或重要人物的采访常常要准备较长时间，尤其当你对采访对象的专业领域或者他擅长的话题不太了解时，则更要花工夫去了解。采访知名人物的机会非常宝贵，所以要争取把有限的采访时间发挥好，一定要有事前的认真付出。

而且在这样的访谈中，不仅时间有限，可能还会发生各种突发情况。比如，对某个问题，采访对象不想说，那就要考虑怎么让他接着说，或者快速换个话题。比如，原定10分钟的采访时间，突然放宽到半小时，或者突然减少到5分钟，又该如何调整问题？这都是对记者的考验，需要记者充分准备，灵活应对。

1936年6月，埃德加·斯诺到达延安后，想了解毛泽东的身世和经历。毛主席历来反对在报刊上宣传自己，一开始觉得没有必要谈。为了免遭拒绝，斯诺开门见山地指出："我在国外注意到种种关于你的宣传，有的认为你是个无知的农民，有的说你是个狂热分子，还有的说你已经死了，你对此难道无动于衷吗？"毛泽东听后，感到有必要谈谈自己的情况，让外界通过斯诺的报道了解他，了解中国，了解中国共产党，了解红军和中国革命。于是，毛主席与斯诺一连谈了十几个通宵。我们后来在《红星照耀中国》中看到的毛主席从青少年一直到中年的经历可谓原汁原味，特别鲜活。

（四）突发事件的采访

日常的新闻工作中，有很多并不是预先知道的采访，而是突发采访。这种情况下的准备工作要特别注重前后方配合，即记者要想办法采访，后方编辑要提供其他方面的支援。相互合作，才能共同完成采访任务。

笔者曾经接到过一个紧急采访任务。某地突然曝出发生高考替考事件，即多名已经考上大学的学生回到家乡代替高三学生参加高考，这是一起非常恶劣的高考作弊事件。笔者接到任务后，立即乘夜班火车赶往事件发生地。一路上都和后方编辑保持联系。编辑帮笔者联系他所认识的当地熟人，笔者自己也联系相关的媒体以获取更多信息。在各方面关系人的帮助下，这个采访得以顺利完成。

无论面对哪种采访类型，小记者在做准备工作时都要注意日常知识和素材的积累。"冰冻三尺，非一日之寒"，机会垂青有准备的人，尤其对某一专有领域的研究更需要长久的积累。了解得多了，研究得深了，在提问的时候才会直击重点，在写作的时候才能妙笔生花。

第二节　写好采访提纲很重要

一、采访提纲的共性

记者在进行新闻报道时，需要客观反映新闻事实，但是，在选择事实、采集报道、逻辑思考、结构布局、文字表达时，必然带有一定的主观性。所以新闻报道一定是主客观共同作用下的报道。为什么同样一个主题内容，有不同的报道方式和报道内容，就在于每个记者的思考水平和写作能力是不一样的。一篇新闻作品，字里行间都渗透了记者的知识、水平、能力和素养。

要完成一次成功的采访，撰写采访提纲是必不可少的环节。写采访提纲，一方面体现出记者的专业水平，证明记者对所采访的事和人进行了仔细的研究和思考；另一方面也体现了对采访对象的尊重。

小记者在撰写采访提纲之前，通常要想这几个有共性的问题（以事件为例）：

这件事最新的发展动向是什么？

这件事的特别之处在哪里？

这件事让人关注或者感兴趣的地方在哪里？

这件事产生了怎样的影响力？

这件事后续会怎样发展？

将这些基本问题在脑海中像放电影一样过一遍后，再开始拟定采访提纲，就会觉得胸有成竹、言之有物。

采访提纲没有固定格式，但作为小记者在写提纲时，可以考虑这样一些要素：

（1）采访目的。

（2）采访主题。

（3）采访准备。

（4）采访对象。

（5）采访问题。

二、采访提纲案例

我们在这里举个例子——

新闻事由：一年一度的健康快车2022年发车仪式启动。

新闻背景：中华健康快车源于香港回归之际，香港同胞赠送给内地人民的礼物——中国第一列流动的、专门从事慈善医疗活动的眼科火车医院。当时创始人方黄吉雯女士是香港特区筹委会经济组召集人，她看到内地每个省市都送香港礼物庆祝回归，就想有没有什么礼物可以回赠给内地。经过认真考虑，她借鉴了印度"火车医院"的形式。这列"火车医院"决定做白内障手术，因为白内障手术不需要很多跟进工作，不是需要麻醉、输血的大型手术，而且可以造福很多人。

1997年香港回归祖国之际，时任特首董建华代表670万香港同胞向祖国内地老百姓赠送了第一列"健康快车"。其后又于1999年、2002年分别向内地赠送了第二列和第三列"健康快车"。2009年，"健康快车"已发展到第四列，前三列由香港各界同胞赠送，第四列由内地企业中国石化捐赠。

健康快车管委会由卫生、铁路部门和国务院港澳办负责人组成。由国家卫生部门选派优秀的眼科医生，上车为患白内障的贫困农民免费手术治疗。健康快车的经费由香港健康快车基金和中华健康快车基金会负责筹集。

为了使这一为民造福的义举做得更好，成立了"中华健康快车基金会"。此举得到中央各级领导的关心和支持。

了解了事由和背景，接下来我们就需要撰写采访提纲了。

关于健康快车2022年发车仪式的采访提纲

（一）采访目的

了解2022年健康快车发车去往的几个地区（也就是2022年健康快车即将开展公益活动的地区）。

了解健康快车这些年来的工作成效。

了解健康快车的下一步工作目标。

（二）采访主题

通过了解健康快车的相关情况，写一篇通讯，将通讯报道主题定为"健康快车是如何为贫困地区人民带去光明的"。

（三）采访准备

从网上查找和"健康快车"有关的资料；

准备录音笔、笔记本，必要时带上摄影设备。

（四）采访对象

采访中华健康快车基金会相关工作人员；

采访健康快车车长；

采访健康快车上的医护人员及沿途工作地点的医护；

采访手术的受益者。

（五）采访问题

1. 采访对象：基金会相关负责人

采访方式：面对面采访

采访问题：

（1）今年的几趟列车将分别去往哪些地点进行白内障手术？预计为多少患者复明？

（2）从1997年开始到今年已经25年，25年时间健康快车一共治愈了多少白内障患者？

（3）这些年来，健康快车建成了90所眼科中心，培训了近200位能进行显微手术的眼科医生。请问，健康快车和沿途各地的兄弟医院还有哪些具体合作？

（4）下一步，健康快车的工作将如何开展？

2. 采访对象：健康快车车长

采访方式：面对面或电话采访

采访问题：

（1）您是健康快车第几任车长？车长的主要工作是什么？

（2）听说列车由手术车厢、病房车厢、发电车厢、宿营车厢四部分组成，请您简要介绍一下情况。

（3）健康快车由于停靠的地点有时候不在市中心，在郊区较偏僻的地方，是不是有不少工作和生活上的困难？

（4）您当车长以来，印象最深刻的事情是什么？

3. 采访对象：车上医护人员

采访方式：面对面或电话采访

采访问题：

（1）您是北京三甲医院的眼科专家，请问，做这样的慈善工作出来一次需要几个月时间？

（2）您能简要介绍一下工作流程吗？（如果是面对面采访，眼科大夫可以用视频播放的方式告诉记者整个手术过程）

（3）你们这个医护团队是怎样和沿途医院开展合作的？

（4）你们一个工作周期一般能完成多少例手术？

4. 采访对象：沿途受助地区医院的医护人员

采访方式：电话采访或视频采访

采访问题：

（1）您作为受援地的医生，和北京来的眼科专家团队如何开展合作？

（2）您所在的医院在健康快车帮助下，建立了眼科中心，对你们当地的眼科治疗起到怎样的作用？

（3）健康快车在你们这里的这段时间，治疗了多少患者？

（4）你们医院一般一年能做多少例白内障手术？有多少眼科医生和护士？

5. 采访对象：手术受益者

采访方式：电话采访或视频采访

采访问题：

（1）您是什么时候做的手术？您怎么提出手术申请的？

（2）这个火车医院您感觉怎么样？医生医术如何？

（3）手术效果怎么样？您拆下纱布能看见的时候是什么感觉？

（4）您手术做完已经有两年了，这两年生活怎么样？有什么样的改善？

上面就是一个完整的采访提纲。这些相关人员都采访完，问题都了解清楚后，我们在写作中还需有所选择。并不是所有的材料都需要写进报道，而是根据报道的需要进行甄选使用。

总之，一定是根据采访对象的特点，进行有的放矢的采访。千万不能问一些不适合采访对象回答的问题，那样容易使人感觉你不专业、不懂行，进而让采访对象产生抵触心理，不愿意接受你采访。

在撰写采访提纲的时候，最重要的当然是采访问题。采访问题可以尽量多预设一些，但是心中要清楚哪几个问题是最重要的。比如，一共准备了 10 个问题，如果采访时间有限，就要想好可以选择留下哪几个问题、舍去哪几个问题。

这里再举一个例子说明。

随着技术水平的进步，传播方式越来越丰富。短视频已经成为重要的传播途径之一。近年来，抖音、快手这样的短视频头部企业的社会影响力非常大，既可以记录人们的生活日常，也可以通过短视频直播带货，带来经济收益。这些企业还和传统媒体合作，有的合作称得上是深度融合。如果就这一话题采访快手的相关负责人，小记者们应该问什么问题呢？

我们可以查阅相关资料后，试着列出采访提纲：

问题 1：我们注意到央视等媒体的快手号，成为现象级新媒体产品，请问，快手如何通过自身平台的优势助力传统媒体的融合？

问题 2：一些地方媒体通过快手抓住短视频红利，比如，中国国际消费品博览会，海南广播电视台发起"嗨转海南——快手大 V 带你逛消博会"，实现了"新闻＋政务服务商务"的创新模式。请问，对于类似尝试，快手有无特别的扶持机制？

第四章　小记者要学会写采访提纲

问题3：我们关注到多个部委通过与快手合作，探索政务直播新模式，比如，交通运输部与快手联合推出的"疫情防控，交通在行动"系列直播获得了很好的社会反响，也直接推动了部委媒体的融合发展，请问，在政务直播领域，快手有什么布局和成果？

问题4：有数据显示，快手平台的媒体号已破万，其中300多个媒体账号粉丝过百万，日均播放量超30亿次。请问，快手在区域媒体的本地化运营方面是如何布局的，这些成果是如何取得的？

问题5：有消息称，快手在不断优化平台商业基建能力的基础上，有望助推区域媒体号2021年同步实现收益倍增，同时也将优化媒体号的收入结构，并大幅提升媒体号的电商收入和联合招商收入的占比。请问，如何实现上述目标？又如何从精细化、体系化方面提升区域媒体运营水平？

问题6：数据显示，快手全球月活达10亿，DAU（日活跃用户数量）达3亿，请问，内容生态多元化建设的现状如何？比如，与地方卫视等传统媒体的深度融合上，进展如何？

问题7：来自快手研究院的数据显示，2020年快手全网用户渗透率达44.7%，相比上年增长41.5%。快手电商日活用户超过1亿，直播日活用户超过1.7亿。快手通过媒体号的加入，扩圈效应在明显增强，请问，传统媒体是否也正通过快手平台实现用户的破圈和媒介的扩圈？

问题8：有分析指出，快手正从内容运营和商业运营两方面提升媒体融合水平，包括推出了不少受媒体欢迎的活动，比如，主持人计划、媒体专项培训、媒体扶持计划等，能否具体介绍一下？

问题9:"快UP融媒计划"正在持续加码,快手正拉动区域内容和产业的双升级。能否介绍一下快手在媒体大小屏交互方面打造的成功样本?

问题10:其实,从新闻联播、国庆大阅兵的直播联动,到联手湖南经视打造的全国首档大小屏融合节目《看见快生活》,快手的短视频优势、直播触达度与用户黏性,都让传统媒体的优质内容迸发新的势能,那么,快手如何维系并不断提升自身平台与媒体的合作黏性?尤其在抖音、微信视频号不断发力的背景下。

这一采访提纲的设计可以说基本涵盖了快手与传统媒体融合的方方面面。但是,如果采访时间有限,我们完全可以从以上问题中挑出一些进行访谈,比如问题1、4、6、7等。

由上可见,采访提纲最核心的是采访问题,采访问题的质量高低直接决定了这次采访是否成功。所以,提出高质量的问题,是需要小记者们去钻研、打磨的。但是,比提问题更重要的是采访什么人。我们学习的时候,老师经常说"抓主要矛盾"。找采访对象也是一个道理,当一件事显得很庞杂时,一定要厘清思路,找到"主要的"采访对象,也就是核心采访对象。这样让恰当的人说恰当的话,才能完成一次完美的采访。合适的采访对象与合适的问题才能相辅相成、相得益彰。有时候,采访对象可以非常容易地联系上,有时候却要费一番周折才能说服相关人员接受采访。这时候,就需要小记者具备一定的社交能力和说服力,展现出灵活性和韧性。

第三节 采访的方式多种多样

选择什么样的采访方式是采访工作的重要方面。通常,面对面采访效果是最好的，因为交流更加顺畅，可以获取更多的信息量。但是，囿于条件，常常无法实现面对面采访，这时候，就需要采用其他采访方式，以保证采访顺利进行。

一、面对面采访

面对面采访，简称面采，是运用最多的采访方式。面采最大的好处，是可以看到对方，包括看到对方的语言、肢体动作、眼神等，有时肢体动作和眼神包含了极大的信息量。以前，面对面采访的概念只是两个人（或多人）在同一个地点真实见面进行的采访，随着技术手段的更新，这一概念已经发生变化。现在，通过视频手段而达成的两个人（或多人）在同一时间但不在同一个地点，也可以进行面对面的采访。

小记者在获得面对面采访机会时，要注意以下几点。

首先，尊重采访对象。

与采访对象保持平等的关系，采访前做足功课，采访时才能做到不卑不亢。同时，尽量掌握采访的主动权，不要被采访对象"带偏了"。有时候采访对象一旦兴奋起来，可能回答的问题离主题越来越远，如果不及时将其"拉回"，就会影响整个采访效果。

笔者的一位记者朋友曾经谈到他在全国两会期间采访的经历。他说之所以每次在"两会"上能比较顺利地采访到人大代表和政协委员，关键在于和代表、委员的真诚交流。真诚才能获取信任，信任是深入交流的开始。而真诚的本质是对人的尊重，对采访对象人格的尊重。有的记者通过各种方法获得采访机会后，除了提出原先准备好的问题之外，还问了代表、委员很多不熟悉的领域的问题，甚至包括私人话题，这就容易引起采访对象的反感，以至于不愿继续接受采访。有的记者在采访时承诺写完稿子后给采访对象审核一下，以免出现错漏，但写完稿件却不再理会采访对象，这样的做法也会失去采访对象的信任，显然不合适。

其次，保护采访对象隐私。

有时候，采访对象虽然接受面对面采访，但希望自己的隐私受到保护。比如，小记者采访缉毒英雄，为保护英雄免于受到打击报复，不宜暴露真实姓名；如果是视频拍摄，要进行声音和图像处理。

《北京青年报》记者夏雷、张鹏与中国国际广播电台记者江爱民曾在非洲的肯尼亚采访过两位女性艾滋病人，请她们讲述自己的生活经历。两位病人为保护隐私要求中国记者不要拍照和录音，中国记者表示同意。在采访过程中，中国记者对她们表示了深切的同情，交流十分顺畅。后来，两位病人同意记者拍照、录音。尽管记者们保留了相关资料，但是在后期刊发和播出的时候都注意保护她们，《北京青年报》在报纸上没有使用病人正面照片，而中国国际广播电台也没有播放两人的原音。中国记者这种对采访对象充分尊重的做法，显示出极高的专业素养。

最后，采访者要善于倾听和追问。

在面对面采访中，追问是记者常用的一种提问方式。如果小记者有面对面采访机会，一定要学会如何追问。但追问的前提往往是倾听。

小记者首先应该是一个很好的倾听者，在倾听的过程中发现问题，这些问题可能是细节的数字，可能是某些漏洞，也可能是采访对象想要回避的事情。针对这些细节和问题进行追问，往往能揭示真相，一探究竟。

采访中最好的提问往往是面对采访对象时根据当时的情境而进行的现场发问。虽然没什么准备，也打破了常规，但这些即兴的问题是经过采访者认真倾听和仔细思考后提出来的，十分有价值。一般而言，越是提前做好充分准备的采访，越容易在倾听的过程中发现问题并提出有价值的问题。

二、书面或网络采访

小记者在采访中经常碰到的情况是面对面采访无法实现，那就只能退而求其次，采取其他采访方式了，比如，书面采访或网络采访。

预约采访过程中，经常会遇到采访对象没有时间，或与采访者不在同一个地方，这时可以尝试书面或网络采访。书面或网络采访都是向采访对象提供问题，由采访对象作答。

这一采访方式的优点在于采访者不用奔赴采访地点，省了一些时间精力；问题设置比较正式，被采访者回答一般也会采用书面语言，省去了见面口语交谈而需要整理内容的时间。但也有一些缺点，如何时答复问题不确定，回答问题的人是否就是自己想要采访的人也难以确定，对于已经回答的问题想要追问也存在难度。

早年间，每年诺贝尔奖公布之后，许多国内报社的记者都是通过邮件等网络方式与诺贝尔奖获得者取得联系并发问题过去进行采访。随着科技的进步，现在用其他社交网络方式进行采访的情况也多有发生。

三、电话采访

电话采访包括音频和视频电话采访。在即时通信方式出现之前，电话采访有时成本会很高，比如，早年通过国际长途进行采访。但现在即时通信设备的出现让这种高成本的难题得以解决。

不过，如果以为电话采访是最方便、最省力气的采访，这样的观点也存在片面性。囿于各种原因，采访者常常在不得已时才采用电话采访的方式，但一次完美的电话采访并不容易做到。

在采访中要注意：首先，不要提过于宏大的问题，而是提小切口的问题。具体的问题，对方相对好回答；而宏大的问题一方面难以回答，另一方面即使回答了，也容易给人一种没有说清说透的感觉。其次，电话采访中不宜咄咄逼人，因为双方不见面，如果被采访者感觉到你的步步紧逼，很容易找借口中断采访。如果有较为尖锐的问题，最好放到最后再问，这样前面的交谈已经建立起一个比较好的谈话氛围，再提出一两个较难的问题对方也会尽量回答。

四、观察式采访

观察式采访指的是主要通过观察来获得采访信息。观察式采访可以是单独进行的一种采访形式，也可以是其他采访形式的一种辅助。

观察式采访考验一个采访者的观察能力、敏锐度。比如，在全国两会小组讨论会这样的场合，记者常常只能通过观察来获得信息，因为现实条件的确不允许每个记者都获得提问机会。这时候细致的观察和精妙的文笔结合，才能奉献出优秀的新闻作品。

需要注意的是，在现实生活中，大量的事物并非"眼见为实"，有时候我们眼睛所看到的也许是被障眼法所蒙蔽，所以在运用这种采访方式的时候，要注意对一些事实进行求证。

五、体验式采访

体验式采访是指记者依照采访对象的职业、身份、地位和生存状态，亲身参与，从事与采访对象相同的工作活动，直接观察对方的生活环境，验证对方身心感受的采访活动。

这种采访方式的优点明显。首先，对采访对象的工作环境有真切的感受，印象会极其深刻；其次，对写作材料的占有更加充分。这绝不是面对面交谈或电话采访等方式可以带来的；另外，经过这样的采访，写出来的作品也更加细腻、更加动人，因为许多细节都会成为吸引读者阅读的看点。

新华社记者张严平和田刚采写的《索玛花儿为什么这样红》就是一次典型的体验式采访之后写成的报道。记者陪伴乡邮员王顺友在崎岖荒凉的马帮路上行走，而王顺友已经在这条寂寞的路上一个人走了20年。

一趟邮路走下来，记者们对王顺友的工作环境、工作背景、心理变化都有强烈的感受，最后的作品自然也非常成功。

六、隐性采访

隐性采访就是暗访。暗访这种采访方式通常用于揭露性调查报道。小记者一般不会用到这种方式，只需稍做了解。

隐性采访的主题一般来说事关多数人的利益，是对不利于公众利益的事务进行的舆论监督，比如对于食品卫生问题的采访、对于环境污染问题的采访、对于乱收费问题的采访等。由于这类问题很难通过正规的采访渠道了解事实，只能采取暗访的方式，实现采访效果。

毋庸讳言，隐性采访具有相当的危险性，所以在日常采访中的使用也比较谨慎。

小记者在日常采访中，要根据实际情况灵活运用各种采访方式。无论是采用一种采访方式，还是多种方式结合，最关键的在于用心：用心准备、用心观察、用心感受，这样所采到的信息才是丰富而全面的，才能在较为充分的材料中进行选择，用最核心的材料写出优秀作品。

第五章

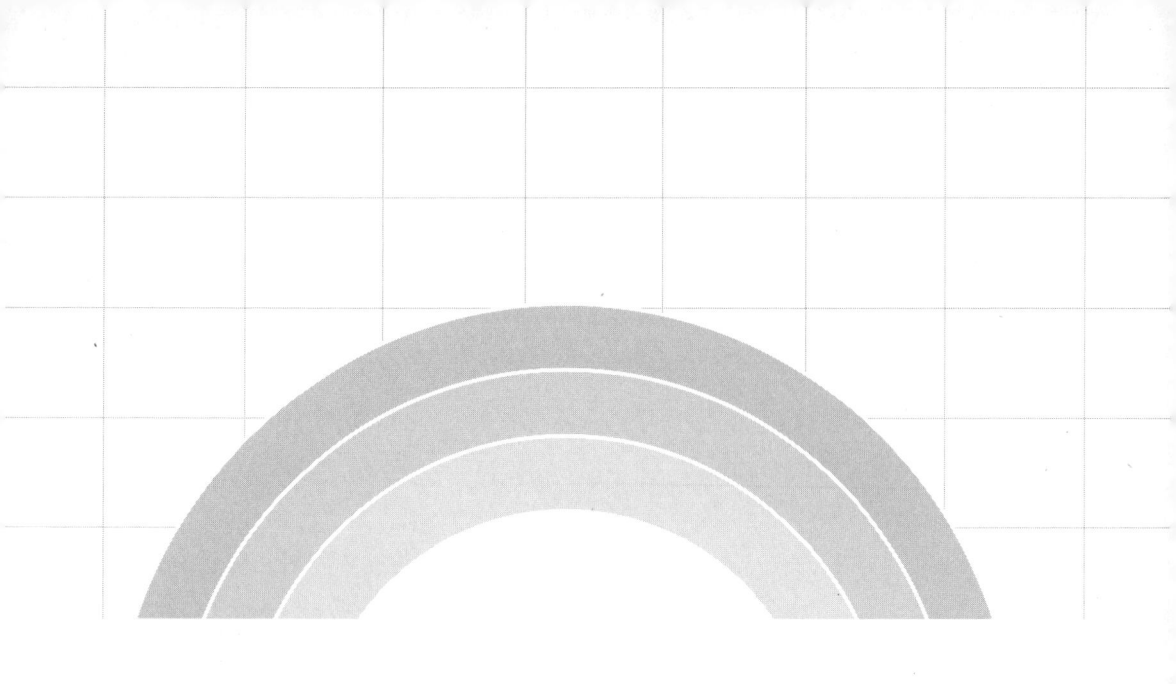

提出好问题是小记者的基本功

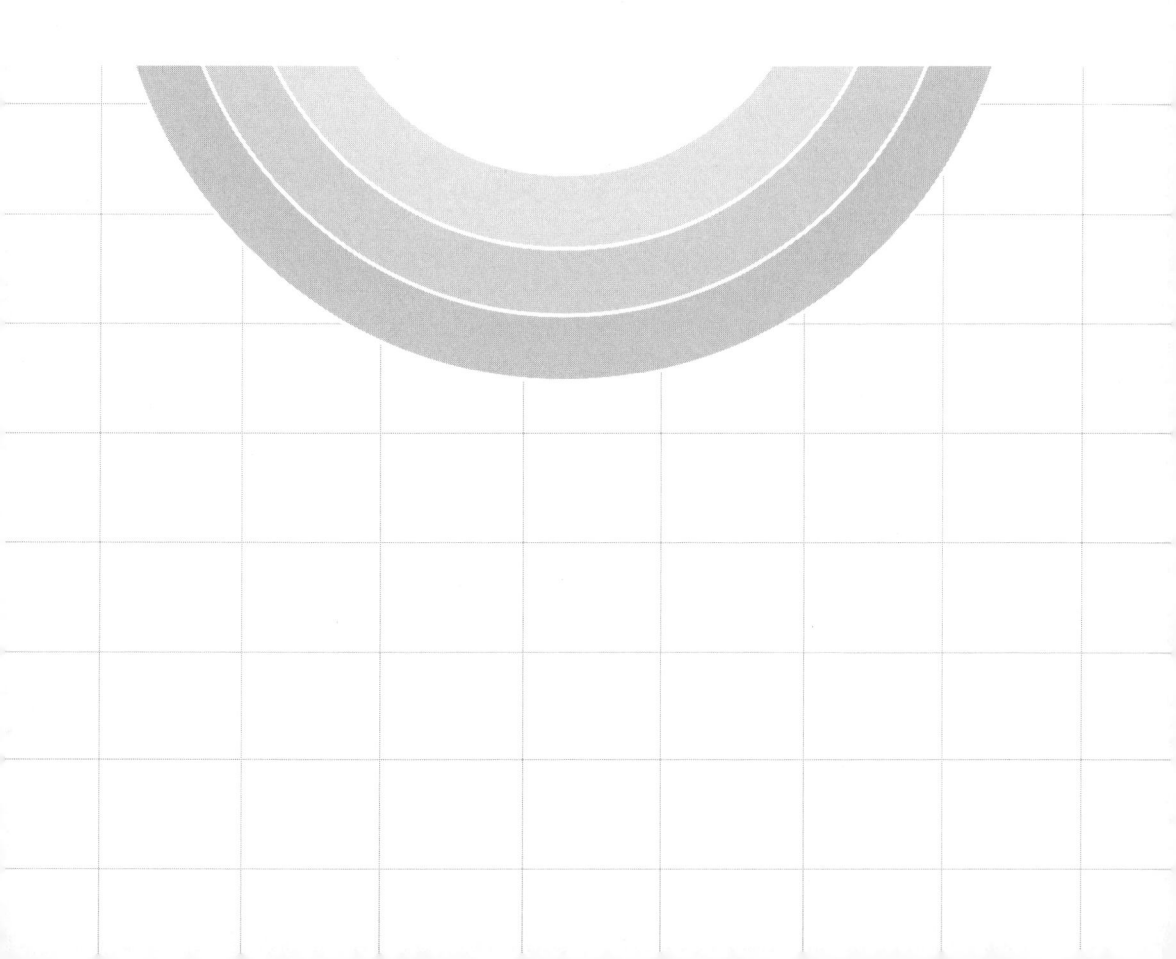

对小记者来说，采访提问特别关键。问得好，采访对象就愿意和你多聊，说不定还会说出什么大新闻；问得不好，采访对象可能会敷衍你，甚至不愿意回答问题。那样的话，采访场面就会很尴尬。

所以，怎样提问题是个"技术活儿"。

第五章　提出好问题是小记者的基本功

第一节　如何提出高质量的采访问题

一、提问类型

采访中，提问的方式大体就是两种：开放式提问和闭合式提问。

开放式提问，就是给采访对象的问题较为开放、自由，回答的余地大。采访对象针对问题可以展开回答。比如："对这个问题，您怎么看？""您觉得这一政策受益最大的是什么人？为什么？"

这种提问类型的优点在于方便受访者发挥，采访者可以获取大量的采访信息；而缺点在于受访者有时候说着说着会跑题，或者总说不到正题上，影响采访效果。

闭合式提问，就是给采访对象的问题以非此即彼的面貌出现。受访者的回答范围受到一定限制，展开空间相对较小。比如："当时的场景你亲眼看到了吗？""你对当天自己的表现满意吗？"

这种提问类型常用于采访的追问中，优点在于指向性明确，缺点在于过于明确也许会丢失一些其他的信息。

为了方便大家理解什么是开放式提问、什么是闭合式提问，在这里，举一个例子。2021年8月25日，中央电视台《新闻1+1》栏目"教师轮岗，北京怎么做？"这期节目中，主持人、记者董倩就北京中小学教师轮岗的问题，采访了时任北京市教工委副书记、北京市教委新闻发言人李奕。我们一起来看看她提的6个主要问题。

问题1：马上就要开学了，教师轮岗会对学生有哪些影响？（开放式问题）

李奕：有经验的家长和同学们会感受到，开学后会有一些老师的调整，因为这其中也包括毕业年级的老师把孩子送走之后，本身会被重新调配到起始年级，在这个过程当中，孩子们可以感受到可能有的老师不是原来学校的老师。

实际上，对参与流动的老师影响是相对比较大的，毕竟老师要跨一个校区或者跨一个学校到另一所学校，接受一定的挑战。

问题 2：北京教师轮岗，老师们愿意吗？（闭合式问题）

李奕：实际上在轮岗过程中，我们充分考虑到老师的感受和他业务成长以及学校的服务质量，还有学生实际获得之间的关系。

那么我们这次为什么提出在区域内轮岗流动？特别是在过去已经比较成熟的集团化办学和学区内部进行干部教师的轮岗，就是在老师的生活空间以及岗位流动上，统筹兼顾他们的发展需求。

当然很关键的一点是，我们对老师的绩效考核和荣誉认定也是一个重要的引导和杠杆。

问题 3：轮岗让学校教育资源发生了变化，家长们愿意吗？（闭合式问题）

李奕：我们特别理解家长可能会有一些猜测和感受，虽然家长不直接面对老师有这种交流。实际上在四五年前，我们已经按照中央和教育部的总体部署，北京的学区化管理和集团化的办学已经基本上做到了全覆盖，也就是每一所单体学校都是在一个学区和教育集团内部。

所以我们家长能够感受到的是把一个孩子送到了一所学校，但是他所获得的教育资源，包括课程，以及老师的服务，可能是一个区域和集团所供给的内容。

这就是今天我们特别谈到的，由单一的学校供给变成区域的集团化的供给的过程中，教育的均衡和流动就自然实现了，那我们孩子的实际获得也从过去单独获得一所学校的资源，变成了更多的资源，应该说是更好的。

问题 4：轮岗主要是针对新老师，还是有资历的老师？（闭合式问题）

李奕：通过多年的摸索和试点，在教师干部流动过程中，我们不仅是按照教师职称的高低或者是荣誉的高低去流转，而且根据流转位置的需求。

比如，这次在"双减"政策的背景下，我们更关注学科组、年级组层面上怎么发挥作用，所以在人员流转的挑选过程中，既有骨干教师、特级教师，也有适合于做课后服务，适合于做作业的研究和考试评价研究的不同岗位教师，所以是因岗因需来决定调动的比例。

问题 5：教师轮岗能否解决名校"热"和学区房"热"的问题？（闭合式问题）

李奕：实际上教育影响很大，连着千家万户，但在推进工作当中，我们特别关注到这次中央和北京市的"双减"文件，并没有直接提到干部教师的流动，但我们关注到作业改革、课后服务改革等一系列改革都是由人来推进的，必须促进人员的这种流动和优质服务的整体提升。

在这样的推进过程当中，家长对教育供给侧结构的改革认识，会影响到他对学校的选择，对学区房的认定等，我相信肯定是带有化解作用的。

推进教师轮岗工作，更加着眼于高质量教育体系的构建，更好地服务于孩子，自然会带来周边环境和资源的相应变化。

问题 6：城区老师流动到郊区效果如何？未来这种跨学区轮岗能实现吗？（开放式问题 + 闭合式问题）

李奕：这是我们一直以来感到比较难的一个问题，确实在北京探索和实践当中，我们曾经把海淀、东城的老师流转到延庆或者密云远郊区县，一年也好或者三年也好，但实际成效并不是很成功。一方面影响了老师的生活、工作的整体质量，另一方面学生和老师的匹配度也未必达到理想的效果。

所以现在对于跨区域远程的干部教师流动，主要采用线上"双师课堂"

形式。那么依靠本地的老师，同时把城区优质教育资源的服务属性，通过信息化的手段流转出去，指导当地的老师不断提高办学水平，从而提高整个教育服务水平，我们感觉这可能是新时期构建高质量教育体系当中一种有效的办法。

这 6 个问题中，既有开放式问题，又有闭合式问题。虽然有多个闭合式问题，但我们看到，作为采访对象的李奕都做了较为详细的解答。所以从问题设计看，闭合式问题是一种"非此即彼"的设计，但在实际采访中，回答往往也是可以展开的。从中央电视台这次的采访看，是一次成功的采访，采访对象对记者的问题一一给予回答和释疑，满足了人们希望获取更多信息的需求。

二、提问技巧

为了让采访达到理想的效果，需要运用一定的采访技巧，进行精心设计。

（一）正面提问法

所谓正面提问法，就是有什么问什么，直抒胸臆、开门见山。这是采访者运用频率最高的一种采访方式。

这种采访方式针对两类人用得比较多。一类是记者面对比较熟悉的采访对象。由于双方在长时间的工作中建立了相互信任的关系，所以采访时直接提问，双方更容易进入主题。著名的篮球记者杨毅采访过进入 NBA 打球的姚明、王治郅、巴特尔三大中锋，也是第一个陪伴姚明在休斯敦开始 NBA 征程的记者，所以他和姚明非常熟悉。许多对姚明的采访其他记者可能无法实现，杨毅基本都能完成，而且他对姚明的采访也多是直接提问。另一类是对文化水平较高的学者、官员的采访。由于这类人社会交往能力较强，对于记者的问题领悟较快，容易回答切题。《环球人物》杂志2021年4月采访著名经济学家林毅夫时，就正面问道："近期有英国智库称，按照当前市场汇率计算，中国的经济规模会在2028年超过美国。您怎么看这个预测？"

当然，如果采访者和采访对象不是很熟悉，那么在正面提问开始前，最好进行一定的情感铺垫，以防两人一开始的对话过于生硬。

（二）迂回提问法

一些采访对象很少接受采访，面对记者，尤其面对摄影摄像镜头更为紧张。这时，作为采访者不要着急，应该让采访对象尽量放松心情，给对方一些启发，让其不再紧张。

比如，电视台采访一位从基层山区到北京来参加培训的老师，老师因为初次接受采访十分紧张。这时候如果贸然开始采访，效果一定不好，记者可以提出和老师聊聊天，问问老师到北京培训这些天有没有去过一些景点、对北京哪里印象最深、山区的学校规模多大等问题，这些问题都简单易回答，经过闲聊一样的过渡，老师就会渐渐放松，对答如流了。

（三）激发提问法

有时候在采访过程中，采访对象就是不想交谈，或者回避。这时候可以考虑用激发式的提问法。把问题剖析清楚，获得对方理解，激发对方做出解释和回答。

山西电视台记者高丽萍在一次和山西大寨的代表人物郭凤莲聊天中，表达了想采访大寨的想法。郭凤莲说，采访别人可以，但别采访她。随后她将自己先前被记者误解的事情告诉了高记者。高记者说，要让大家真正了解你和大寨的今天，还就得你出来说话。一番分析，让郭凤莲觉得很有道理，随后她爽快地接受了采访。这就是一个较为典型的在记者激发之下，本来拒绝了却变为接受的采访案例。

（四）诱导提问法

在遇到有些采访对象性格内敛，或者谦虚不愿意多说的时候，记者可以考虑用诱导提问法。这种提问方式还能让采访对象表明自己的立场观点。

在运用这样的提问法时，记者一定要把握好"启发诱导"与"强人所难"的界限。

知名学者易中天曾经接受过某位记者的采访。这位记者问了这样两个问题——"大家觉得听易老师讲课很有意思，像听评书一样有意思，那如果这样的话，我们为什么不直接去听评书呢？""你是有意参考过评书的说法吗？"这两个问题都带有诱导性，但是问得并不恰当，易中天显然并不高兴，他回答道："我就没听过评书，如何参考！"采访场面一度陷入僵局。

所以，在运用这种采访方式时，一定要注意分寸。如果让采访对象觉得"问者不善"，可能很难达到一个理想的效果。

（五）设问提问法

采访中通过设问的方式，也就是在问题中以"假如""如果"等词语形成问句，探寻事情的真相以及采访对象的心理。设问虽然是一种假设，现实中可能并非如此，但是这样的提问可以深化主题，让人对采访对象的认识更深刻。

比如：一位科学家非常喜欢音乐，采访者问："如果您的生活中没有了音乐，您觉得会怎样？"一个电影童星后来没有走演艺道路，而是选择了读大学、做学者，采访者可以问："您有没有想过假如当初您继续演戏，留在演艺圈，今天会是一个什么样的状况？"这样的问题都非常容易打开采访对象的"话匣子"。他们一定思考过这类问题，可以畅所欲言。

以上5种提问方式是最常用的提问方式，在实际应用过程中，一定要灵活使用，不拘一格，各种提问方式穿插着用。

还有一点需要提醒的是，作为一个采访者，在进行采访提问的时候，要注意平衡。采访的事件涉及两方或多方的时候，要问到各方，而不能只问一方，只问一方的采访是有失偏颇的。平衡性的采访是对一个记者的基本要求，哪怕有一方不愿意接受采访，也要在稿件中写明，证明采访者已经做了努力，但是对方放弃了接受采访的机会。

丰富的提问方法需要在多次采访的锤炼中日臻成熟。作为采访者，在提前充分准备的基础上，还要考虑对方的情绪、周边的环境、提问的语气语态等，尽量构建一个较为舒适的采访场景。

第二节　采访的重点在于"新"

在日常的采访工作中，小记者们会发现，找到一个理想的选题有时候并不容易。但是，一旦掌握了窍门，找到合适的选题似乎就显得没那么难了。这个窍门就是发掘采访重点。

新闻最大的价值就在于"新"，所以一切采访重点都要围绕这个"新"字展开。

一、寻找新事物

所谓新事物是社会发展过程中的新动向、新发现、新风尚等。在社会生活中，新事物非常多。万事万物都在悄悄地变化着，只是很多时候不容易被察觉。如果将新事物再细分的话，可以分为以下几方面。

（一）新动向

说到新动向，最明显的就是国家或地方上政策的变化，许多新政策可以说都是有价值的新闻点。当然，新动向可以是政治方面的，也可以是经济、文化、体育等方面的。总之，是一种相比以往有所变化的新趋向。

我们来看下面这条消息。

"只跑一次"新政　方便万千群众

一个月为群众节省办证成本665万余元

华声在线2018年6月3日讯　6月1日，省公安厅在全省实施办理护照等出入境证件"只跑一次"新政恰好一个月。省公安厅发布的数据显示，"只跑一次"新政实施一个月来，共为群众办理护照等各类出入境证件37.5万人次，同比增长31.6%，为群众节约办证时间10335小时，节省办证成本665万余元。

自今年5月1日起，省公安厅在全省实施办理护照等出入境证件"只跑一次"新政，实现申请人到出入境接待窗口一次即可全部完成护照等出入境证件申办手续。

据介绍，"只跑一次"新政实施以来，全省各级公安机关人口与出入境管理部门通过优化流程、简化手续、运用新科技，不断提高办事办证效率，方便申请人办事办证，减轻群众负担。全省13个设区的市级公安机关人口与出入境管理部门周六为群众提供办证服务4589人次，提供自助办理服务82027人次，提供网上预约和网上办证服务4925人次，提供办证加急服务303人次，提供双向速递办理服务4925人次，提供免费照相服务26.6万余人次，新增自助服务设备16台，全省自助服务设备累计达387台，接受群众咨询5万余起，受理群众投诉4起。除移动扫码支付缴费功能正在加紧开发测试外，所有对外服务承诺均已兑现，群众办证满意率达 99.99%。

（何金燕、樊佩君，华声在线 2018 年 6 月 3 日）

湖南省公安厅于 2018 年 5 月 1 日起开始实施办理护照等出入境证件"只跑一次"的新政，这一新政的效果如何——服务了多少人？节约了多少时间？节省了多少办证成本？——效果通常需要过一段时间才能看出来。所以，选择一个月后看新政效果，就体现了记者对于新动向的把握能力。

（二）新发现

日常生活看似平常，要从平常中发现不平常，确实需要费一番心思。新发现考验的就是一个新闻人的观察判断能力。小记者要练就这样的能力，需要在日常生活中多动脑筋。

党代会首次出现来京务工人员党代表

本报讯 昨天在市第十次党代会报到中心，记者发现了一张熟悉的"新面孔"——朝阳区劲松街道中社区保洁员兼社区事务助理董学法。这位安徽无为县来京务工 19 年的青年，是北京市党代会历史上第一位工作在最基层的来京务工人员党代表。

"能作为党代表参加北京市第十次党代会，我要衷心感谢市委对我们来京务工人员的重视。"高大的身材，温和的笑容，整洁的衣装和文雅的谈吐，让人很难相信眼前的是一位只有小学学历、还在从事保洁工作的来京务工人员。也许是党代表的身份赋予了董学法一种自信、自强的坚毅气质。

这虽然是董学法参加的首次党代会，但他显然做足了功课，有备而来。"明年我们要举办举世瞩目的奥运会，希望我们的来京务工人员从细节做起，从自身做起，改变形象，就是奉献奥运。"对于来京务工人员如何参与奥运，董学法如是说，"来京务工人员在北京是一个相当大的群体，其中人才济济，据我对社区800多名外来人口的了解，不少人都希望能够向党组织靠拢，为党的事业贡献力量，希望能在来京务工人员多的单位多发展党员，补充新鲜血液。"对于基层党建，董学法如是说。从普通打工仔成长为一名党代表，凝聚了他的青春和汗水，董学法相信市第十次党代会后的下一个5年中，像他一样的人会越来越多。

（张咏，《北京日报》2007年5月17日）

  北京日报记者作为党代会采访者，发现了务工人员做党代表的新闻点，需要极高的新闻敏感性。正因为"农民工"身份，同时是"首次"，所以是新事物，值得采访报道。

  有些新发现是蕴含在旧事物中的，如果不去带有自主性地挖掘整理，发现难度就很大。旧事物、老话题，看似价值不大，但是一旦换个角度去看待，则会有完全不同的价值。

  经济日报社原常务副总编辑罗开富在20世纪80年代当记者的时候，曾经给自己定了一个选题：重走长征路。

  从1984年10月16日至1985年10月19日的368个日日夜夜里，罗开富经报社批准，沿着红军长征原路徒步采访，成为继红军之后，完全按照原路、徒步走完二万五千里的第一人。

  在《中国共产党简史》一书中，关于长征有这样一个细节：红军行进到湖南汝城县沙洲村时，三名女红军借宿徐解秀老人家中，临走时，她们把自己仅有的一条被子剪下一半给老人留下了。徐解秀老人说，什么是共产党？共产党就是自己有一条被子，也要剪下半条给老百姓的人。"半条被子"的故事让人民群众认识了共产党，把党当成自己人。

  这个感天动地却尘封半个世纪的"半条被子"的故事，之所以能够家喻户晓，就在于罗开富的这次重走长征路，这是他行走到湖南汝城时深入采访的发现。

倘若罗开富不用自己的"脚力"去寻找新闻点，发现新事物，又怎么能找到这样鲜活的新闻点呢！

（三）新风尚

新风尚指社会生活中的新潮流、新风向，代表了社会的新面貌。新风尚最关键的一点在于观念的创新。在我们周围，新风尚并不少，只要我们贴近实际、贴近生活、贴近群众，就可以发现很多体现正能量的新风尚。

深山农家院"博"来客满棚

本报讯 雾灵山，是每天北京跳动第一缕阳光的地方。山脚下，是地处滦平、承德、兴隆、密云四县交界的花园村。在密云县这个距县城80多公里的深山村里，最近出了个因为一"博"而转贫为富的新闻人物，他就是当地的民俗接待户李振新。昨天一大早，这位刚刚"无债一身轻"的庄稼汉照例坐在了电脑旁，开始在他的新浪"博客"里整理已经到下一周的游客预订。

"要不是因为有了'博客'，我欠的30万元真不知道哪年能还上哪！"李振新告诉记者，两年前，也想搞民俗接待脱贫的他，借钱在自家院子里建起了一座两层小楼。可没承想直到今年年初，他家一直门庭冷落。"我媳妇整天因为欠债的事哭哭啼啼。我也像做'贼'似的，见了亲友总躲着走，怕要账。"

随着京郊新农村建设的推进，光缆宽带铺进了村里。今年3月，懂点儿电脑的李振新萌发了用"博客"招徕生意的主意。于是他请人帮忙在新浪"博客"频道上建起了"雾灵梦缘客栈"，并很快学会了写"博"、发帖、上传图片。在"博客"里，李振新这样写道："雾灵梦缘客栈坐落在雾灵山脚下，白天，习习清风自窗外吹入房间；夜晚，潺潺溪水伴您入眠。倚窗眺望,春天山花烂漫,夏天青山滴翠,秋季满山红叶,冬季白雪皑皑。"

没多久,第一批慕"博"而来的游客上门了。从此,李振新的"博客"越来越"火",他的农家院也跟着"活"了起来。据统计,开"博"以来,李振新的农家院已接待4000多人,截至目前的收入达到了40多万元。"八成以上的客人都是'博客'招来的,这信息高速路真是灵啊,我算是尝到甜头了。"老李深有感触地说。

目前,李振新已加入了96个与民俗旅游有关的"博客"圈子,"雾灵梦缘客栈"的日点击率2000余次。"我打算明年开春接茬儿投资20万,在后院再建上一排小木屋!"李振新黝黑的脸上露出了灿烂的笑容。

(马楠,原载《京郊日报》2007年11月30日)

这篇采访报道表面看是农民因为写博客让更多城里人了解了他家的民俗游,带来了生意,实际上更深层次的意义在于,因为京郊新农村建设,光缆已经进村入户了,农民与外界的联系更方便和紧密了。这就是典型的新风尚。

(四)新成就

在经济社会发展中,新成就可以说层出不穷。可以关注直接的基础建设成就,比如,青藏铁路的开通会给沿途人民带来什么样的好处?如何促进青海、西藏等地的发展?也可以聚焦这些成就之下的各方面的关联,如南水北调工程将湖北丹江口与北京联系在一起,那么在教育支援方面,北京是不是对湖北有帮助?这些都是在新成就之下对采访话题的深入挖掘。

二、寻找新问题

生活中,有许多新问题需要记者去反映,也就是要发挥记者对社会的监督功能。小记者也非常有必要学习如何发现问题、反映问题。"记者是站在轮船上观察海面的瞭望者。"瞭望的目的就是要发现问题，报道问题。许多问题都事关老百姓的工作生活，小记者可以从自己身边着手，反映问题。比如，作业负担过重的问题、因为课业负担重导致睡眠不足的问题、营养过剩造成同学里"小胖墩"多的问题，都可以通过小记者反映和报道出来。

来看下面这篇短消息。

每5个中小学生　就有1个"小胖墩"

据新华社电　5月20日是中国学生营养日。专家表示，我国将近每5个中小学生就有1个"小胖墩"，肥胖属于营养不良，是营养摄入不科学造成的。专家建议，孩子们处于成长发育关键期，每天荤素搭配，纠正不良的饮食习惯，才能吃出健康。据国家卫生健康委员会介绍，我国6岁至17岁的人群中，超重肥胖率近20%，相当于将近每5个中小学生就有1个"小胖墩"。

（2022年5月21日新华社）

这篇短消息是用数字的方式，很直观地反映出问题所在：青少年的超重率近20%，如果不重视的话，将会严重影响未来的国民体质。

三、寻找新人物

什么叫新人物呢？就是一段时期内的社会热点人物或者某个领域的热点人物。这里的新人物包含典型人物的意思，但不等同于典型人物。对典型人物的报道往往带有宣传性质，过去的典型人物报道有"高大上"的特点，近年来这种"高大上"的写作风格有所改变，人物报道更接地气，更加生动。

2013年6月11日至26日，搭载着聂海胜、张晓光、王亚平3位航天员的神舟十号载人飞船成功发射并顺利返回着陆。在轨飞行期间，神舟十号与天宫一号目标飞行器成功进行自动和手控交会对接，王亚平参加首次开展的中国航天员太空授课活动，被称为中国第一位"太空教师"。

请看下面这篇报道。

王亚平：中国第一位"太空教师"

王亚平，女，汉族，山东省烟台市人，中共党员，学士学位。1980年1月出生，1997年8月入伍，2000年5月入党，现为中国人民解放军航天员大队四级航天员，少校军衔。曾任空军某师某团某飞行大队副大队长，安全飞行1600小时，被评为空军二级飞行员。2010年5月，正式成为我国第二批航天员。经过近三年的航天员训练，完成了基础理论、航天环境适应性、专业技术等8大类几十个科目的训练任务，以优异成绩通过航天员专业技术综合考核。2013年4月，入选天宫一号与神舟十号载人飞行任务飞行乘组。

新华网甘肃酒泉6月10日电 像很多中国人一样，王亚平的太空梦源自10年前杨利伟飞天那一刻。

那时，23岁的王亚平还是一名加入空军飞行部队刚两年的运输机飞行员。睁大眼睛看直播时，一个念头瞬间击中了她：中国有男飞行员，也有女飞行员；现在中国有了男航天员，什么时候会有女航天员呢？

她没有想到，10年后的自己会以中国女航天员的身份远征太空；仅仅在战友们面前讲过飞行计划的她更没有想到，10年后的自己会成为中国第一位"太空教师"。

在太空中向青少年讲授失重环境中的物理现象，王亚平对即将进行的授课充满信心。准备教具，研习实验内容，了解心理知识，她的备课细致入微。

第五章　提出好问题是小记者的基本功

除了太空授课，在神十飞行中，王亚平还将负责飞行器状态监视、空间实验、设备操控和乘组生活照料等工作。飞船与目标飞行器实施交会对接时，作为备份操作手，她要在每一条指令发送前准确判读数据，对操作进行提醒和读秒。千百次训练和两年多的等待，这是她一直为之准备的时刻。

张晓光说，亚平是个聪明、可爱的小姑娘，她的太空授课一定会带给大家惊喜。

聂海胜说，她是个要强的女孩儿，有时候我们想帮她，但基本插不上手。

被同伴们称为"小姑娘""女孩儿"的王亚平，是中国第一个飞向太空的"80后"。

"生活中他们把我当作小妹妹一样照顾，但是在工作上，我希望自己成为可以和他们并肩作战的战友。"王亚平说，"我想让大家看到，我们'80后'是敢于迎接挑战的一代。"

一年前的神九乘组选拔，成绩同样优秀的两名女航天员中，最终只有一人能成为中国首位飞向太空的女性。王亚平以微弱之差落选。航天员系统副总设计师黄伟芬记得，王亚平几乎没有停顿即投入到后续训练中，那么平和，那么坚强。

王亚平出生于山东烟台的农民家庭，家中还有一个小她7岁的妹妹。也许是在自幼干农活的经历中学会了坚韧，也许是在多年热爱的长跑之路上磨砺出隐忍，王亚平总是比同龄人懂事早。

初中毕业，家里人希望王亚平读中专，不愿放弃大学梦的她背着家人报考高中。高中毕业那年赶上空军招收第七批女飞行员，原本想当医生或律师的她被飞行员职业深深吸引，一路过关斩将进了军校。

第一次跳伞，8个女同学看着地面上的人越来越小，兴奋不已。指令一下，一个接一个稀里糊涂跳了下去。接着跳第二次，机舱里突然间鸦雀无声——第一次的新鲜与好奇褪去后，袭来的是恐惧……那天返回的车上，大家唱起了《真心英雄》，王亚平和战友们一样泪流满面。

9年驾驶运输机驰骋蓝天，王亚平安全飞行1600小时，出色完成奥运会开幕式消云减雨、汶川抗震救灾、山东抗旱等任务。

热爱天空，所以成长；热爱更远的太空，所以义无反顾奔赴新的事业。2010年5月，王亚平通过层层选拔，成为中国第二批航天员中的一员。

超重训练最为艰苦。刚加入航天员队伍时，王亚平一直没能突破二级，身体的极限让她难以承受。她急得不行，一面向"老大哥"们讨教，一面加班加点增强心血管和肌肉练习。第二年，超重训练成绩轻松达到一级。

和很多年轻人一样，王亚平喜欢摄影，爱听音乐。在满是男选手的篮球场上，她还是进球率很高的优秀前锋。

为了在太空授课中实现最好的实验效果，王亚平和乘组在地面进行了多次演练。

实验不成功怎么办？王亚平答："实验做出什么样，我们就讲什么现象呗。面对浩瀚宇宙，其实我们都是学生。"

说这话时，她的大眼睛忽闪动人。

在结束神十飞行之后，这位一心要探寻奇妙太空的漂亮姑娘还有个小小心愿：陪丈夫吃顿饭，逛逛街，看一场电影。

（赵薇、白瑞雪、田兆运、王玉山，新华网2013年6月10日）

这篇稿件篇幅并不长，却从航天员王亚平的家庭出身、成长之路和战友们的关系等方面，立体多元地表现了王亚平对航天事业的执着和热爱。稿件通篇采用短句，却富有节奏感，读来生动有趣。

小记者们要做有心人，在平日里看新闻或者观察社会中的各种事物时，再向前多考虑一步，多问自己"这算新事物吗？算新问题吗？算新人物吗？"就会豁然开朗，从而发现很多有价值的选题，这些选题就是报道的重点，这种发现其实就是我们所说的新闻敏感。

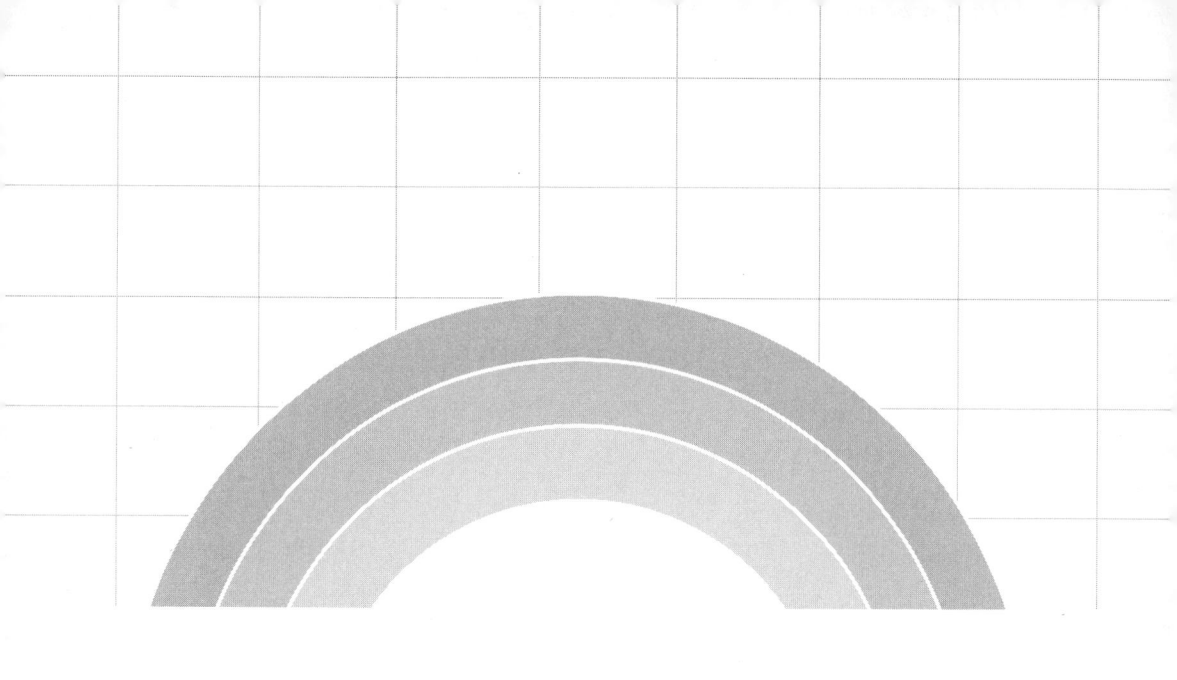

第六章
小记者写好消息有诀窍

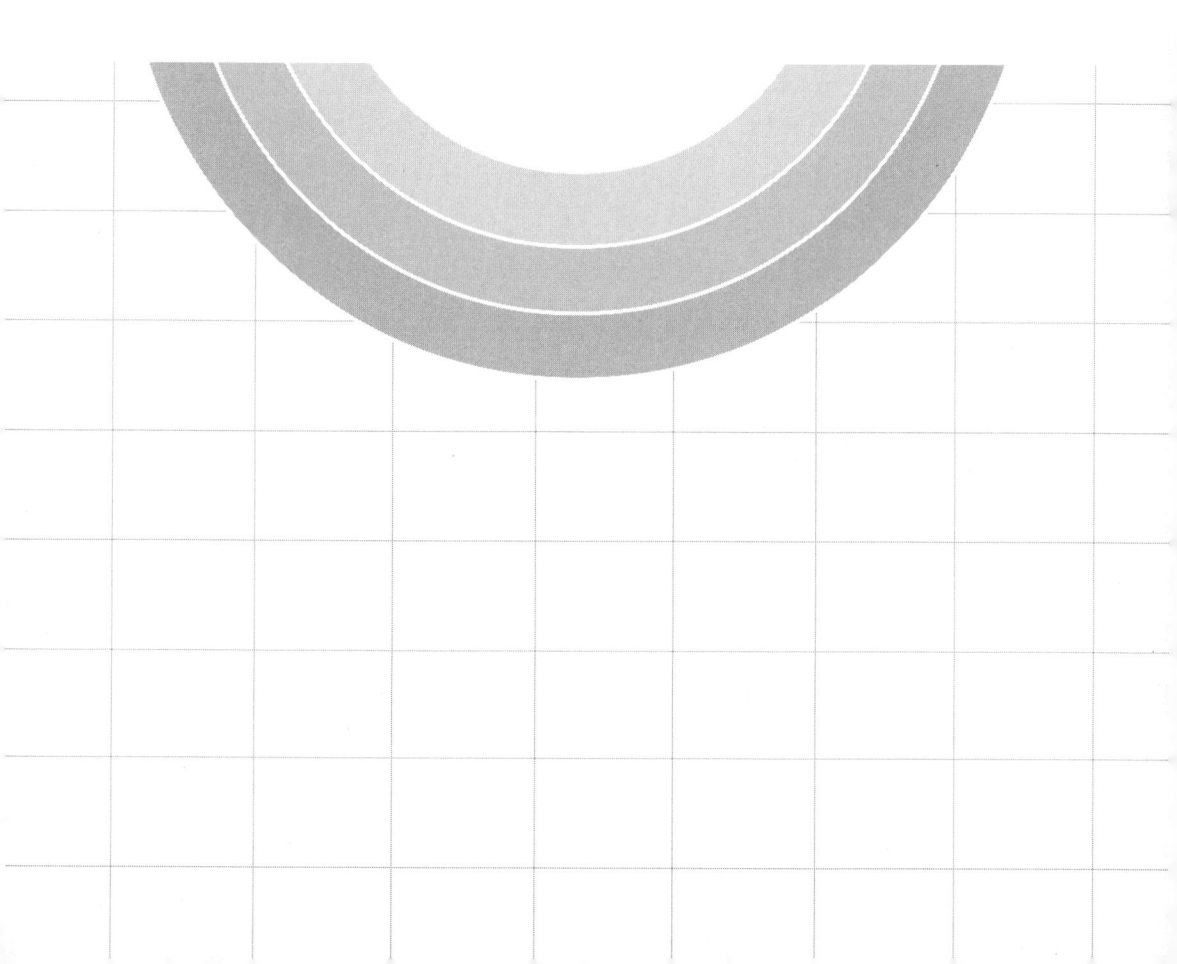

完成了采访工作，下面就要进入新闻写作的阶段了。采访和写作是小记者最重要的两个工作环节。如果把采访获得的内容材料比作食材，那么写作而成的新闻作品就应该是一道做好的菜肴。如何让这道菜成为珍馐美味，正是本章所要讲解的。

第六章　小记者写好消息有诀窍

第一节　写好消息是基本功

一、消息的概念

时代在飞速发展。随着技术的进步，我们看到各种信息以无比丰富的方式呈现在眼前。但是，无论是传统媒体、还是新兴媒体，无论是官方媒体、还是自媒体，在信息传达过程中，新闻文体是不变的，大致分为消息、通讯、新闻评论等。

消息是运用最为广泛的新闻文体，是对新近发生或正在发生的事实进行的简明扼要的报道，侧重于新闻基本要素的介绍，而不做过多的铺展。

二、消息的构成

消息通常由标题、讯头、导语、正文这几大部分组成。

每篇消息都有标题，即使是简讯也有标题。标题可以只有主题，也可以既有主题、也有引题或副题。标题提炼了消息的最核心内容。

讯头是消息开头的内容，一般交代消息来源、发表日期和记者名字。如果是新华通讯社的稿件，一般是"新华社×月×日电（记者×××）"；如果是报社的稿件，一般是"本报讯（记者×××）"。

导语是消息的第一段文字，将这篇消息最重要的事实写出来。也就是说，看了导语，这篇消息的最主要内容就掌握了。后面的内容都是对导语展开的叙述。

正文也是消息的重要组成部分。虽然导语将消息的主要意思告诉读者了，但是要了解更多信息，需要通过正文来获得。正文可以是对当下新闻事实的叙述；也可以既包括当下的事实，又包括一些背景信息，使内容更加饱满。不过，必须明确的是，正文不能无限地拓展，如果内容过多、细节过多，就不是一篇严格意义上的消息了。

总之，消息一定是突出时效性、呈现最重要新闻事实的新闻文体。

为了让大家有直观的感受，我们用下面这篇获得中国新闻奖的新华社消息作为案例。

我国所有贫困县全部脱贫

新华社北京（2020年）11月23日电 （记者 侯雪静）23日，贵州省宣布剩余的9个贫困县退出贫困县序列。至此，我国832个贫困县全部脱贫。

记者从贵州省人民政府23日召开的新闻发布会上获悉，根据相关数据和评估检查，此次出列的赫章县、望谟县等9个贫困县综合贫困发生率、错退率和漏评率均为0，群众认可度平均为99.12%，符合国家贫困县退出标准和要求。

2012年，贵州省建档立卡贫困人口达923万人，为中国贫困人口最多的省。此后，贵州以每年减贫100万人以上的速度推进脱贫攻坚。产业扶贫、生态扶贫、东西协作……一系列脱贫攻坚举措在贵州推进。仅易地扶贫搬迁，贵州就创造了搬迁188万人的全国纪录。

特别是今年以来，贵州省集中力量向脱贫攻坚"最硬骨头"发起总攻，对9个未摘帽县和3个剩余贫困人口超过1万人的县（区）挂牌督战，推动了绝对贫困"见底清零"。

党的十八大以来，以习近平同志为核心的党中央把贫困人口脱贫作为全面建成小康社会的底线任务和标志性指标，在全国范围全面打响脱贫攻坚战，创造了人类减贫史上的奇迹。

按照贫困县退出的有关政策规定，贫困县退出以贫困发生率为主要衡量标准，原则上贫困县贫困发生率降至2%以下，西部地区降至3%以下。各省（自治区、直辖市）统一组织退出贫困县的检查，并对退出贫困县的质量负责。贫困县退出以后，国务院扶贫开发领导小组组织中央和国家机关有关部门及相关力量对退出情况进行抽查，确保脱贫成果经得起检验。已经退出的贫困县、贫困村和贫困户在脱贫攻坚期内，有关扶持政策不变。

2017年2月26日，江西省井冈山市宣布在全国率先脱贫摘帽。截至2016年年底，井冈山市贫困发生率降至1.6%，是我国贫困退出机制建立后首个脱贫摘帽的贫困县。

发展产业、易地搬迁、生态补偿……每个贫困户脱贫背后，都是一个系统工程、一场需要拼搏的硬仗。自2013年以来累计减少贫困人口9300多万，年均减贫1000万以上，经过今年的努力，剩余贫困人口将如期脱贫。

久困于穷，冀以小康。中华民族彻底摆脱绝对贫困、实现全面小康的千年梦想，即将在我们这一代人手中实现。

这篇消息不长，只有800多字，但是涵盖了消息的各个组成部分。首先，我们看标题，是一行主题："我国所有贫困县全部脱贫"。其次，讯头很完整。"新华社北京（2020年）11月23日电（记者　侯雪静）"这部分就是讯头，介绍了文章来源，也就是发稿单位新华社，介绍了发稿日期和作者。再次，导语简洁有力，只有一句话——"23日，贵州省宣布剩余的9个贫困县退出贫困县序列。至此，我国832个贫困县全部脱贫。"虽然只有一句话，但传达了一个重要信息——原来我国一共有832个贫困县，随着贵州最后这9个贫困县宣布"摘帽"，全国已不再有贫困县。显然，这是中国脱贫攻坚战役的重要成果。最后是正文。我们看这篇消息的正文会发现，除了记者在新闻发布会上获得的信息，有不少内容都是新闻背景，比如，"贫困县退出以贫困发生率为主要衡量标准""井冈山市宣布在全国率先脱贫摘帽""自 2013 年以来累计减少贫困人口 9300 多万"等，都是新闻背景，但是这些背景的加入非常恰当，让人了解到何以算脱贫、哪个地方最先脱贫、总共脱贫人口多少等信息，这些信息把整个消息适度进行了内容拓展，而不仅仅是数字罗列，让作品更丰满。

三、倒金字塔结构

同学们学习历史一定知道古埃及的金字塔，底座坚实，越往上越尖。也就是说，下面重，上面轻。而消息的结构是倒金字塔结构，顾名思义，就是最上面的内容最重要，越往下的内容越没那么重要。

倒金字塔结构是新闻写作中的经典结构。标题和导语交代了最重要的事实，下面的正文一般按照由重要到次重要的顺序徐徐展开。如果是一篇严格的倒金字塔结构新闻作品，其后面几段删去后也不会影响整篇稿件的主体内容。

倒金字塔结构
（从前往后按内容重要性排列）

- 标题：内容精华所在，高度凝练
- 导语：全篇最重要的内容用一段话概括
- 正文：最重要、最精彩的部分
- 正文：次重要部分
- 正文：再次重要部分

我们来看下面这篇消息。

但愿人长久　千里共同途

杨振宁先生学术思想研讨会在京召开

本报北京 9 月 23 日讯　9 月 22 日至 23 日，诺贝尔物理学奖获得者、中国科学院院士、清华大学高等研究院名誉院长杨振宁先生学术思想研讨会在清华大学举行。

在研讨会上，杨振宁回忆了自己 1971 年第一次访问新中国时的感受。他表示，那次访问是他人生中非常重要的一段经历，使得他对新中国有了一点认识，对他的人生轨迹有了非常大的影响。他特别提及当时自己向参与中国原子弹制造、同时也是自己多年挚友的邓稼先提出是否有美国人参与原子弹制造的疑惑。次日，邓稼先写信回复并请专人送达，告知他确实没有外国人参加过我国有关制造核武器的事。邓稼先在信末化用诗句写道："但愿人长久，千里共同途。"杨振宁对此深情回应称："稼先，我懂你'共同途'的意思，我可以很自信地跟你说，我这以后五十年是符合你'共同途'的瞩望，我相信你也会满意的。"

清华大学校长邱勇表示，杨振宁先生是当代最伟大的物理学大师之一，在场论、粒子物理、统计物理和凝聚态物理等物理学的多个领域取得了许多重要的开创性成就。杨振宁先生具有浓厚的家国情怀。

自 1971 年回国访问到现在 50 年间，他多次向中央呼吁重视基础科学研究，积极建言中国科教政策，积极筹款资助和帮助中国学者访美，孜孜不倦推动中西方科学交流、助力中国科教发展。1997 年，先生创建了清华大学高等研究院，并帮助清华物理系不断迈上新的台阶。他用半个世纪的人生历程践行了邓稼先先生"千里共同途"的瞩望。

在研讨会上，与会专家学者围绕杨振宁先生的物理成就、科学贡献，作为教育家的杨振宁先生以及他的风格和品位，量子信息与凝聚态物理的新进展等展开研讨。

清华大学原校长、清华大学高等研究院院长顾秉林表示,杨振宁先生的世界是科学的世界,也是中西融汇的世界,他将中国文化的根和西方科学的精神完美地结合在一起。他既属于中国,也属于全世界;他带动世界了解中国,更推动中国走向世界。

中国科学院院士、清华大学教授朱邦芬表示,2003年杨振宁回到清华,为中国培育杰出人才是他回归后最看重的一项使命。

此外,中国科学院院士、南开大学教授葛墨林现场解读了《杨振宁先生的物理成就》;物理学家、美国国家科学院院士、麻省理工学院终身教授文小刚讲述了《物理中的几大变革和杨—米尔斯理论》;中国科学院院士、中国科学技术大学常务副校长潘建伟做了《量子信息现状与展望》的报告;中国科学院院士、南方科技大学校长薛其坤做了《凝聚态物理学新进展》的报告等。

(董鲁皖龙,《中国教育报》2021年9月23日)

这篇消息是比较典型的倒金字塔结构。2021年是杨振宁教授虚岁100岁,清华大学为他举行了学术思想研讨会,所以标题中的副题和导语都指出了"研讨会"这一新闻事实。但是还有一个重要事实——也是研讨会上最重要的细节——是在主标题和第二自然段(正文第一段)里体现的,那就是杨振宁教授回忆与挚友邓稼先的交往以及邓对他的影响。邓稼先曾在信中对杨振宁说,"但愿人长久,千里共同途"。杨振宁在会场上的深情回忆成为现场最打动人的一幕,当天不但纸质媒体转载,各家短视频平台也纷纷转发,成为一个新闻热点。

后两段清华大学校长的发言和杨振宁教授50年间推动中美教育科学发展的做法,证明了杨振宁教授对"千里共同途"的践行。

消息后面几段内容是对各位发言人情况的简述,如果从选择最重要新闻事实来讲,即使这几段内容一笔带过的话,也会是一篇完整的新闻作品。

倒金字塔结构的稿件主要有这样几个特点：

1. **标题凝练**。言简意赅地将作品最想表达的意思体现出来。

2. **导语明快**。以概括性导语为主。用很短的几句话，甚至是一句话将重要事实写出来。详细的内容在后面的正文中叙述。

3. **正文有序**。所谓有序就是事实罗列有序，从重要到次重要，作为写作者一定要清楚。这也是一个小记者要把握的关键。新手小记者在大量事实面前容易堆砌材料，不善于分析材料的轻重。掌握了有序写作的规则后，就比较容易选择恰当的内容。

4. **背景适度**。可以适度加入背景介绍，但切忌罗列大量背景。须知，背景永远是为正文服务的，位于从属地位。虽然背景出现的位置不固定，但是处于辅助的地位不变。

5. **无须结尾**。倒金字塔的消息不需要一个郑重其事的结尾。我们从上面的稿件可以发现，几位院士发言完毕后，这篇消息就自然结束了，无须像一些文学作品一样有一个很正式的结束语。

第二节　消息写作的几种结构

倒金字塔结构在消息的写作中使用最多。但是在有些报道中，就不一定是倒金字塔结构了，有时会出现金字塔结构、沙漏形结构和华尔街日报体。

一、金字塔结构

金字塔结构是指用引语或者一个片段、细节开头，正文按照时间顺序来展开报道，故事的高潮部分或者升华部分放在文章最后。

千淘万滤虽辛苦　吹尽狂沙始得金
青年博士郑民荣获陈嘉庚奖

本报讯 11月5日，厦门大学礼堂里乐曲雄厚，掌声阵阵。第三届陈嘉庚奖发奖仪式在这里举行。

几位年届古稀、鬓灰发白的著名科学家、教授依次登台领奖。

当一个身材高大的年轻人走上领奖台时，众科学家投以惊异的目光。负责颁奖的中国科学院院长周光召也有些迟疑了：如此年轻的人获取如此崇高的奖项？

台下有人窃窃私语："他是代别人领奖吧？"

不。他确确实实是陈嘉庚奖的获得者。他郑重地接过了红色的获奖证书和3万元人民币，走下了领奖台。

他引起了人们的关注。马路上，餐桌旁，宿舍里，人们主动与他攀谈。

交谈中人们了解到，他叫郑民，年仅33岁。1982年起师从"当代毕昇"——华光激光照排发明者王选教授。近十年来，他寒窗苦读，先后攻下了学士、硕士和博士学位。更重要的是，他作为主要研究者，完成了高性能书刊排版软件系统、华光IV型多功能科技书刊组版软件系统和多窗口集成组版软件系统。第一个系统获北京地区优秀软件一等奖，后两个系统均通过了机械电子工业部主持的鉴定，并交付香港、澳门、台湾等地使用，深受用户的好评。可以说，这几年华光照排系统的发展凝结着他的心血。

人们不再怀疑他。人们相信、羡慕、佩服他：陈嘉庚奖，他当之无愧！

他没有陶醉于成功的喜悦，也没有心思去领略厦门日光岩和华侨博物馆的旖旎风光，第二天他又登上了返京的飞机，迫不及待地回到了那朝夕相处的实验室……

（方兴业，《中国电子报》1990年12月16日）

这则消息是一篇金字塔结构的典型。开头并没有说明最主要的新闻事实——年轻人获得陈嘉庚奖这件事，而是按照时间顺序，徐徐展开，人们"惊异的眼光"和"窃窃私语"这些描写都让稿件极富现场感。写完年轻人郑民领奖后，记者揭晓他之所以获奖，是因为在激光照排软件系统方面所做出的卓越贡献。整篇报道虽然短小精悍，却又跌宕起伏，释疑解惑，不失为一篇优秀的短消息。

二、沙漏形结构

沙漏形结构是倒金字塔结构和金字塔结构的组合体，开头的引语部分常常是倒金字塔结构，正文部分往往是金字塔结构。两相结合，就成了沙漏形结构。

我们一起来看一下这篇第三十届中国新闻奖三等奖获奖作品。

回乡大学生三项发明为800多牧户节省1亿元

本报讯 阿巴嘎旗查干淖尔镇巴彦淖尔嘎查青年德勒黑洪格尔大学毕业后回乡创业，发挥专业特长，研制出适合草原畜牧业生产的草场无线监控系统、远程监控水井系统、牲畜喂料系统等三种牧业机械设备，均获得国家专利，使用这些机械设备的800多户牧户3年节省1亿元支出。

过去，对苏尼特左旗巴彦淖尔镇巴彦希勒嘎查牧民普日布来说，喂牛是一件费力费时的活儿，不仅要给每头牛准备一个槽子，还要3个人负责看管，防止牛群吃草料时互相挤斗，喂完60多头牛需要2个小时，为此他每年花费2万多元雇人干这项工作。去年冬天，他安装使用了德勒黑洪格尔研制的多功能喂牛设备，节省了人力财力，缩短了喂牛时间。"我们家养了500多只羊、60头牛，以前雇用牛倌、羊倌每年支出10多万元。2016年起使用这些机械设备后，不需要雇人了，每年节省支出7万元，家庭纯收入增加了一倍。"普日布一边用无线监控系统察看羊群的情况，一边告诉记者。

德勒黑洪格尔2012年毕业于内蒙古农业大学农业机械化及自动化专业，毕业后他回到家乡工作。在工作中，他发现牧区畜牧业生产方式仍然传统、效率低、耗费人力，因此萌生了研发牧业生产机械设备的念头。他结合实践和所学知识，利用一年多的时间研制出草场无线监控系统，他的草原"千里眼"让牧民坐在家里也能察看牲畜情况。之后，他又研发出远程监控水井系统，实现了自动化饮牛羊、无人灌溉。去年他研制的牲畜喂料系统投入使用。由于这三项发明能有效提高畜牧业生产效率、降低生产成本，均获得国家专利，受到牧民青睐，安装使用的牧户达到800多户。

如今，德勒黑洪格尔成立了自己的农牧业科技有限公司，他说："今后，要从牧区实际、牧民需要出发，研发出更多符合畜牧业生产的机械设备，为家乡的现代畜牧业发展作出贡献。"

（苏日嘎拉图，《锡林郭勒盟日报》2019年3月29日）

稿件的前两段是重点，介绍了大学生德勒黑洪格尔的三项发明为牧户带来的实实在在的好处，并举了实际案例。后面两段则从主人公2012年大学毕业开始写，按照时间顺序，写了他几年来认真做研发，并成立了农牧业科技公司的事迹。所以前半部分是倒金字塔结构，后半部分是金字塔结构，二者结合，相得益彰。

在事件性的深度报道中，沙漏形结构运用较多。

三、华尔街日报体

华尔街日报体是美国《华尔街日报》惯用的一种新闻写作方法，主要适用于非事件性题材（尤其是现象性题材、话题性题材）的叙述。这种写作方式虽然源自《华尔街日报》，但却为众多媒体所应用。中国一些媒体也会用这种写作方式。

华尔街日报体的基本特征是这样的：首先以一个或几个具体的事例（小故事、小人物、小场景、小细节）开头，然后自然过渡，进入新闻主体部分，也即进入大主题，接下来将所要传递的新闻核心意思、大背景和盘托出。全文集中力量深化主题，结尾常常呼应开头，回归到开头的人物身上，进行主题升华。

如果用一句话来归纳就是：从个人案例到社会现象，再进行解释说明。

请看这篇获得第十二届北京新闻奖一等奖的作品。

大夫，您看病关上手机行不？

本报讯 昨天，读者程先生向本报投诉，他在某三级甲等大医院看病，刚坐进诊室，医生腰间的手机突然铃声大作。大夫毫不犹豫地掏出手机接电话，把他晾在那儿将近五分钟。程先生对此愤愤不平。

程先生说，那位看起来年纪不大的医生在电话中旁若无人地高声谈笑，显然来电者是一位熟人。他们在电话中谈论的内容居然是让这位医生走走后门，加塞儿做上B超。程先生认为，医务工作者的行业特殊性就在于他所从事的是治病救人的职业，来不得半点儿疏忽。他们只有集中精力、全身心地投入，才能保证质量。如果出诊时医生的呼机手机响个不停，首先是对患者的不尊重，而且势必会分散医生的精力，匆忙之中，医疗服务质量难免会打折扣，严重的甚至会造成误诊误治。再说，这也会破坏医院宁静的环境，容易使病人更加烦躁不安。

程先生对大夫出诊时接手机有意见，不过，与医生手术做到一半突然去接手机相比，他的经历就是小巫见大巫了。在上周市卫生局举办的行风监督员座谈会上，一位社会监督员对医生手术途中接手机提出质疑。据她了解，有位患者在接受一个局麻小手术的半个小时里，听到主刀大夫的手机响了两次，为了不影响手术，这位大夫两次都要求护士将手机举到他耳边，使他得以边做手术边接电话。虽然手术很顺利，但主刀大夫的举动一直让这位患者心有余悸。

记者昨天从市卫生局获悉，医生是否能在上班时使用手机，目前尚没有明确规定。在市卫生局新制订的《规范化服务优质医院标准》中，卫生局要求医生出诊时必须仪表洁整，认真负责，态度和蔼，甚至要求医生接诊和查房时应先向患者问好，但是对是否必须关闭手机或寻呼机没有提要求。

对于患者的某些看法，有些医护人员觉得冤枉。一位三级甲等医院的外科主任医师告诉记者，上班时他也不想开手机，因为这肯定会影响工作。但作为业务骨干，医院领导要求他24小时开机，以便随叫随到。

而有关业内人士则称，医生工作时使用手机不仅是对患者不尊重，更严重的是手机的辐射信号会对医疗仪器造成干扰。国外权威机构用手机发出的辐射信号对17台心电监护仪和人工呼吸机进行过调查测试，有7台受干扰，对有关医疗仪器进行的526次试验中，受干扰的比例达55%，其中约7.4%的试验会造成临床意义上的严重后果，最严重的一次是手机信号导致一台人工呼吸机停止工作！

据了解，目前上海、安徽等地一些医院已经明确规定，除科主任特殊需要外，其他所有医护人员在门诊和病房诊疗病人时一律禁止使用手机和呼机。他们不仅将此纳入院规，还公开接受社会监督。

（李学梅，《北京日报》2002年8月6日）

华尔街日报体的写法通常是从一个普通人的故事入手，逐步讲到一个面上的事。这则消息就是从一个病人在看病过程中遭遇医生接打电话旁若无人说笑的事情入手，引发出医生在接诊过程中是否可以打电话的问题。显然，记者写这篇稿件时，这一问题已经成为较普遍的社会问题，所以从点到面，从具体到一般的写作方式，让这篇稿件更有深度。稿件开篇的案例，只是起到引子的作用，关键是要探讨医生出诊或手术期间打电话是否合适，是否会带来不良后果。这样的写作，让这则消息篇幅虽短却意义深刻。

在一些篇幅较长的深度报道中，华尔街日报体也经常被运用。

第三节　做好标题更出彩

标题是一篇新闻稿件最核心内容的提炼，重要性不言而喻。标题看似简单，实际上要用短短十几个字甚至更少的字表达准确并不容易，而要想标题出彩则更难。

一个好标题，一定要满足准确、生动、鲜活的要求。

一、新闻标题的划分

从标题的形式上看，新闻标题可以分为单一型标题和复合型标题。

单一型标题只有一行题目，也就是主题；复合型标题则除了主题，还有引题或副题。引题又叫肩题，位于主题之上，副题位于主题之下，引题和副题都是起到辅助主题、使意思表达更为清晰的作用。复合型标题中，可以只有引题或只有副题，也可以引题、副题都有。在版面上，主题的字号最大，引题和副题的字号相对来说都较小。

单一型标题很常见，这里举几个复合型标题的例子。

（一）引题＋主题

《人民日报》2024年4月29日标题——

（引题）科技赋能、延链补链，全产业链产值超120亿元

（主题）广东茂名加快发展荔枝特色产业和特色文化旅游

（二）主题＋副题

《人民日报》2022年5月29日标题——

（主题）**我国建成世界规模最大职业教育体系**
（副题）目前共有职业学校1.12万所，在校生超过2915万人

（三）引题+主题+副题
《光明日报》2022年5月28日标题——
（引题）中共中央政治局召开会议
（主题）**审议《中国共产党政治协商工作条例》**
（副题）中共中央总书记习近平主持会议

主题和引题、副题同时出现的情况相对较少，非常重要的新闻常常会使用三行题（主题、引题、副题俱全）。

从标题的意思上看，新闻标题可以分为实题和虚题。

实题概括和描述新闻事实，以叙事为主，表现具体的人物、事件、动态等。虚题主要起到议论、说理、烘托气氛和提炼升华的作用，经常会使用一些修辞手法。前面说到的单一型标题，一般只能用实题。虚题无法单独使用，因为单看虚题无法明白新闻的意思。实题和虚题结合使用，往往能起到良好的效果。

需要注意的是，主题可以是实题，也可以是虚题；同样，引题和副题既可以是实题，也可以是虚题。在这点上，没有一定之规，并不是说主题就一定是实题。从实际情况看，引题和副题是实题、主题是虚题的情况也很多。

下面举几个例子。
《人民日报》2021年7月9日标题——
（引题）陕西历史博物馆有一支壁画修复团队
（主题）**一寸一寸，追寻千年时光**
这个标题的引题是实题，主题则是虚题。单看主题无法准确理解意思，

组合在一起，则既准确，又形象生动。

《人民日报》2019年6月12日标题——
（引题）江苏扬州汜光湖警务区民警李树干扎根基层服务群众
（主题）**一个人的警务室，28年不打烊**
这个标题的主题和引题都是实题，单看其中一行题都可以明白稿件意思。

《人民日报》2020年9月7日标题——
（引题）从对手到朋友
（主题）**围棋，与人工智能同行**
这个标题的引题是虚题，而主题是实题。从标题可以看出围棋和人工智能的关系转变。

二、新闻标题制作技巧

俗话说"题好一半文"，人们看新闻，首先映入眼帘的就是题目，题目内容决定了能否接着看下去，所以制作一个好标题极其重要。

（一）概括事实

做标题，概括事实是最重要的。许多时候，尤其是对于一些工作性、政策性的新闻事实，标题不需要做过多的修饰，只要将事实阐述清楚，就是成功的标题。所以，作为小记者来说，要锻炼提炼能力和提高概括水平。

请看下面的例子。

我国硕士学位中专硕学位占比增至58%
这是教育部于2022年6月发布的消息，在提供的众多数据中，编辑选取了"专硕"在所有硕士学位获得者中的占比这个角度，做了一个平实的题目，概括准确，事实清晰。

义务教育将常态化抓好控辍保学工作

这一标题也属于工作性质的事实阐述，无须过多修饰，旨在让人了解基本事实。如果需要知道更多详情，可以阅读正文。

（二）富有动感

消息的标题一定要有动感，一般会有动词在其中。在对新闻事实进行确定后，需要用精准、个性的动态语言加以表达。需要强调的是，那种装饰性的、华美的形容词在消息的标题中往往起不到什么好效果，而富有活力的动词才能传神、达意，比如下面的标题。

研究一根黄瓜　摘获两项大奖

在2018年度国家科学技术奖励中，中国农科院蔬菜花卉研究所凭借黄瓜研究获得两项国家科技奖。这个标题用了两个动词"研究"和"摘获"，形成对称句。既概括准确，又新颖别致，引人阅读。

火星你好，天问来访！

天问一号登陆火星，是中国航天事业的历史性时刻，意义非凡。标题用了动词"来访"，从天问一号的角度，向火星问候，还用了拟人的手法，生动有趣。

（主题）翻开《向导》看导向

（副题）从红色文物感悟初心使命

主题和副题中的"翻开""看""感悟"都是动词。《向导》是中共中央第一份机关报，这一标题提出了党的新闻工作的舆论引导作用，副题对主题进一步阐释，形成了有力的配合。

需要了解的是，消息以外的标题，比如，通讯、评论的标题里不一定有动词。

（三）蕴含情感

其实新闻作品也好，新闻标题也罢，再客观也会有写作者的情感流露其中。所以制作一个好标题，也要有情感。但标题里的情感绝不是堆砌形容词或副词，而是依据新闻事实所做的真情流露，该喜则喜，该悲则悲，该怒则怒。

（肩题）不再"船儿满江"，却有"幸福满舱"，新时代赫哲人家走向美好新生活——
（主题）**乌苏里船歌新唱**
这里巧妙化用了 20 世纪 60 年代赫哲族民间曲调《乌苏里船歌》中的元素，亲切而有新意，凸显了赫哲族人的幸福生活，一种欣喜之情油然而生。

美国反枪支暴力集会呼吁"救救孩子们"
新华社记者的通讯标题虽然是客观表述，选择的视角却表达了一种对孩子安全的深深忧虑，写作者的人道主义精神显露其中。

（四）设置悬念

悬念式标题在一些深度报道中经常会用到。消息标题因为要阐述清楚事实，所以较少设置悬念。悬念式标题可以将一些罕见、不合常理、对比强烈的元素摆出来，吸引受众眼球，题中不直说，引人多阅读。

首钢未来不姓"钢"
就是说首钢集团将来的支柱产业不是钢铁了，那是什么呢？

俄罗斯奶香的味觉密码

标题别出心裁，让人不禁想看看"密码"是什么。文章从冰激凌的描述转而写到中俄经贸前景，构思巧妙。

两千元科技经费能干什么？

这是用设问来制造悬念，通讯标题不给出答案，答案需要在文中细读查询。

（五）巧用修辞

许多让人拍案叫绝的标题都使用了修辞手法，这是中国文字独特的魅力所在。前面所说的概括事实，其实是最基本的制作标题要求，但是要出彩，一定是制作者动了一番脑筋，虽然不是"两句三年得，一吟双泪流"，但也是要琢磨一阵工夫的。

修辞手法很多，常见的有比喻、排比、拟人、夸张、借代、对比、对偶、双关、顶针等。如前文中的标题"翻开《向导》看导向"，其实就是用了顶针的修辞法。

庭中门似月　檐下赏盈缺（比喻、对偶）
武汉莫慌，我们等你（拟人）
近观月壤一克　遥测星河万年（对比）
看，那些冲锋在前的白衣"95后"（借代）
"没有什么比梦想更值得坚持！"（引用）

可见，这些修辞手法的运用，让标题起到了生动、增色的作用。小记者在日常训练中，要有意识地想想如何让标题在表述清楚的基础上，更"跳"一点，更"俏"一点，更能体现文字功力一点。

（六）活用诗句

中国的古典诗词是传统文化瑰宝。古典诗词内容丰富多样，意义深刻，意境隽永。这些诗句为新闻标题制作提供了丰富的素材。所以小记者从小背诵古典诗词很有必要，一旦到运用的时候就可以信手拈来，恰到好处。

有些标题是直接用经典诗句里的语句，比如——

东方风来满眼春——邓小平同志在深圳纪实

"东方风来满眼春"是唐朝诗人李贺的诗句，作者在这里直接引用。

有的标题则是对古典诗词的化用，比如，对原句稍加改动，以表达自己所想表达的意思。

一去二三里，名校四五家

这里把古诗词中的"一去二三里，烟村四五家"改成了"一去二三里，名校四五家"，来表达基础教育改革背景下名校增多的情形。

采茶四月天，悠然结君缘

这个标题显然化用了陶渊明的名句"采菊东篱下，悠然见南山"。

除了以上的这些制作标题的技巧，还有成语、流行词语的灵活运用等方法，都能为标题增色。这里，建议小记者在写消息的时候，先大致想好一个标题，等稿件写完，再进行仔细琢磨。把标题基本定下来，就知道自己想要一个什么样的稿件，写作才会聚焦、明确。否则，题目不定，容易内容杂乱、条理不清。

第七章

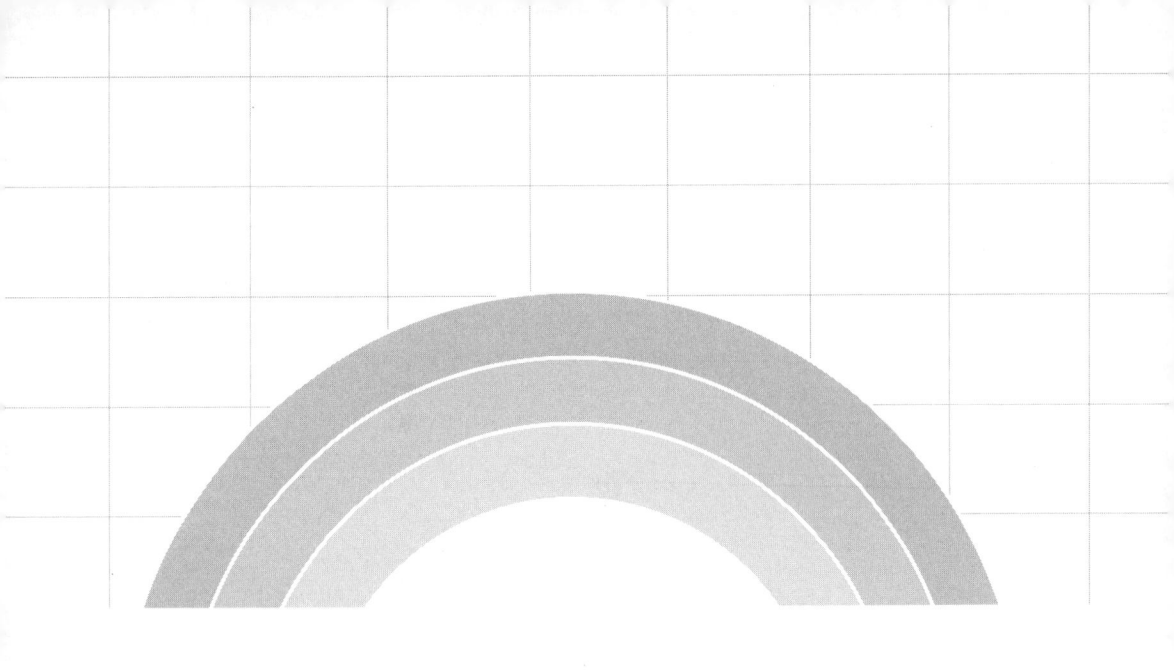

写好新闻"艺多不压身"

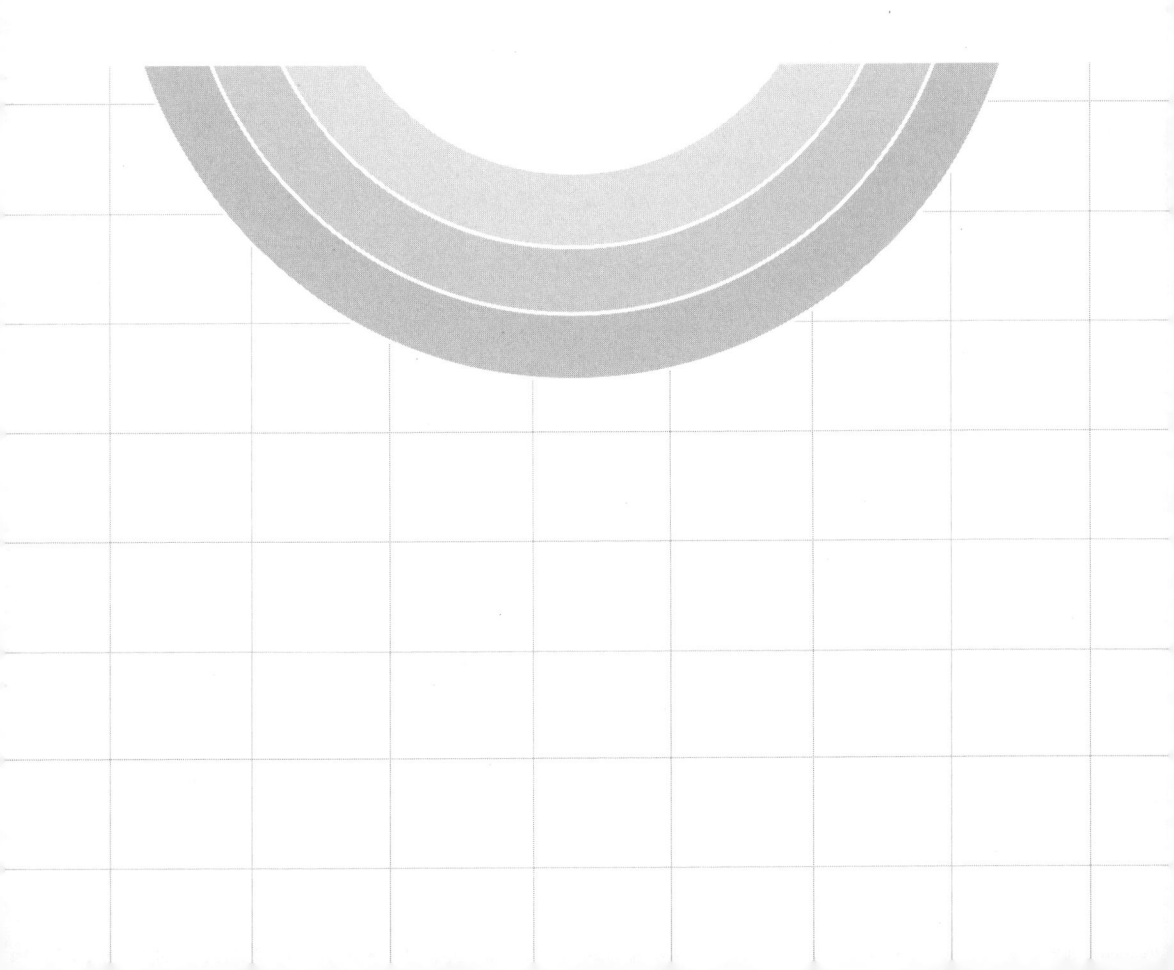

消息看似简单，往往只有不到一千字的篇幅，但是写好了是一个系统工程。为什么说是系统工程呢？除了前一章所说的把题目定好，做出一个好题目，还有许多步骤。导语怎么写？采访会涉及采访对象，如何使用引语？背景材料怎么用才合适？遣词造句有什么特点？这些内容就是本章我们需要探讨的。

第七章　写好新闻"艺多不压身"

第一节　导语是新闻的核心内容

导语是一条新闻最重要的部分，其内容元素的含量、精彩程度直接决定了受众是否要接着读下去。写出一条好的导语，是写作者新闻敏感性、采访写作能力等综合水平的体现。

对小记者来说，导语写好了，消息的写作基本完成了一半。因为导语的功能就是呈现最重要的新闻事实和亮点，如果做到了，下面的正文就是对导语中事实和亮点的详细描述。但是，提炼最重要事实，并且将其写得大家爱看并不容易。

我们翻开现在的报纸，经常会看到这样的导语写作——"某月某日，一场发布会在某地召开。"这样的导语虽然时间、地点、事件看上去都有，其实属于"偷懒型导语"，记者只是说了活动在哪儿召开，但没有点出这个活动的亮点或者特点，所以人们从中获得的信息是有限的。我们在写作中，应尽量避免这种缺乏思考的导语写作。

有时候，新闻事件包含了多个重要事实、多个亮点，写导语时怎么处理？我们只能优中选优，挑出认为最有价值的放在导语里，其他的亮点在正文中再逐一说明。

导语基本可以分为两类：概括性的导语和故事性的导语。一般硬新闻中多用概括性导语。所谓硬新闻，是对于突发事件或者有实质内容的重要信息的报道。硬新闻要求报道迅速、准确、有信息含量。

一、概括性的导语

硬新闻中，5个W和1个H尽可能包含，但硬新闻的导语只需要开宗明义、开门见山，无须包含那么多元素。

本报北京天安门9月28日15时15分讯（记者李丹 雷风行）5分钟前，一列银灰色的地铁列车，在仅距地面2.8米的地下，首次穿过世界最大的广场——天安门广场。

（《人民铁道》1999年9月29日）

这篇新闻的标题是《中国地铁列车今天穿过天安门广场》。标题就很有特点，明明是一条地铁线路贯通的新闻，作者却用有气势的语言高度凝练，给人感觉这一事件意义非凡。导语文字很少，只有一句话，但这句话简洁有力、动感十足。天安门广场、2.8米的地下、地铁穿行而过，时间、地点、事件俱全，关键是亮点选择得当，因为这一事件在世界地铁建设史上都有着重大意义。

本报贝尔格莱德5月8日电 （记者吕岩松报道）当地时间7日午夜（北京时间8日早5时45分），以美国为首的北约至少使用3枚导弹悍然袭击我驻南斯拉夫大使馆。到目前为止，至少造成3人死亡，1人失踪，20多人受伤，馆舍严重毁坏。

（《人民日报》1999年5月9日）

这篇新闻的标题是"北约野蛮轰炸我驻南使馆"。导语用了多个数字，让人们对我驻南使馆被袭情况有较明确的了解。作为使馆唯一幸存的中国记者，吕岩松怀着悲愤的心情第一时间写出报道，第一段导语让人一看就明白了施暴方的野蛮行径。

再看下面这段导语：

本报讯 （记者潘剑凯）谁是高考"状元"？这个一年一度的热门话题，今年却在浙江省消失了。浙江省教委、省招生办日前明文规定：今年将不对各间学校的高考成绩进行排队，不公布全省高考文理科成绩前三名的名单。

（《光明日报》1997年7月25日）

导语精练但精准，短短几句话就说明了新闻事实：每到高考季的"状元"问题今年不会出现，不出现的原因在于有关部门表示不进行成绩排队，以示公平公正。

以上三个案例都是典型的概括性导语，具有对稿件准确提炼、高度概括的特点，这样的导语写作方式是日常最为普遍、最为常见的。

二、故事性的导语

故事性的导语相对来讲没有概括性导语那么开门见山，出现的场合也未必是在突发事件、重大新闻这样的硬新闻中，在深度报道开头出现的概率更高，一些特写稿件也常用。当然，有的硬新闻也会用这种方式。

（一）小故事开启

开头，先用一个绘声绘色的小故事吸引受众。这个小故事，往往是作者稿件中要讲的主旨意思的缩影。所谓由点到面，从这个故事生发，逐步展开，层层递进，让人们看到更多的细节，产生更深的思考。

手术室。无影灯下，一台胸外科手术正在紧张进行。

主刀医生、助理医生、麻醉师、器械护士、巡回护士……五六位医护人员搭台的手术能做到阒无人声，依靠的是熟练和默契。

突然，"叮当"一声"巨响"，打破了静谧，一把直角钳被主刀医生扔到了手术盘里。

精力全在患者胸腔的医生，甚至没有看一眼刚刚由见习护士递到手中的器械，仅凭手感，就知道不是此刻需要的肺叶钳，为节省时间，他下意识地扔掉了。

也就是一瞬间，带班护士长周颖迅速把肺叶钳递到了主刀医生还摊开的手掌上。角度、力度，一切刚好。

没有人注意到见习护士口罩下汗水涔涔的脸颊，还有泪水盈盈的杏眼。

这个梦魇曾纠缠南昌大学第二附属医院手术室护士王婷多时，哪怕她的"高颜值"手术笔记已爆红网络。

(《江西日报》2016年11月19日)

这是中国新闻奖获奖作品《"网红"手术笔记，折射坚守40年的工匠精神》的导语。2016年11月，网上曝出"高颜值手术笔记"，记者们以此为切入点，追踪采访报道了一个优秀医护团队，并揭示了他们持续40年的工匠精神。

这里用一个小故事开头，引出护士王婷的手术笔记。而正文里的内容则让人看到，王婷的笔记并不是首创，从40年前开始他们医院里就有护士通过记笔记的方式不断提高业务水平，所以是一种一脉相承的传扬。这样的稿件写作，让文章立意明显高了。

(二) 引语开启

导语中用引语，尤其是直接引语，会达到很好的效果。直接引语给人的感觉亲切生动，说话者的性格特点在引语里可以看到一二，情绪也能有所体现。

要注意的是，用引语进行导语写作时，一定要选择最能代表主题的引语，切忌拖沓冗长、不着边际。

"有了这两个本本，进城落户就没有后顾之忧了。"10月18日，武城县李家户镇党庄村31岁农民郭子伟一天之内领到了两个证件：新户口本和

《农村集体经济组织成员转移备案证》。他一手一个，兴奋异常："紫本本，我迁户进城，成市民啦；红本本，老家权益保留不变！在城里待不住的话，还可以把户口再迁回农村！"

(《大众日报》2016年11月4日)

这是一篇关于新型城镇化政策的稿件，导语以农民郭子伟的话开头，非常形象生动地说明了他这两个本，保证了他既能当市民，也能保留农民权益。好政策给老百姓带来的欣喜之情，在他的话语里一览无余。

（三）问句开启

用疑问句开头做导语，非常吸引眼球。人们一般都有好奇心：这个问题怎么解决？接着往下看，就看到了答案。所以疑问句的导语，通常是自问自答，迅速将人们带入稿件的主题之中。

本报讯 （记者王泽农）果树结果不多怎么办？猪养不肥怎么办？这些在外行人看来很难办的问题到了浚县少年手里就不算什么了——少年技校的课堂上就讲过其中奥妙。在河南省浚县，有80%以上的中小学校同时也是少年技校，孩子们在学习文化知识的同时也学到了一些劳动技能，大部分学生在走上社会时都拿到了技校合格证和学历毕业证。

(《农民日报》1998年6月1日)

这篇导语用两个问句开头，随即点出浚县少年技校所起到的作用。导语的重点内容很明确：学生拿两个证书，既学到了文化知识，也学到了劳动技能。这是一个县对于智育和劳育皆备的综合型人才的培养，具有探索意义。

使用疑问句的导语写作方式，一定要快问快答，而且问句要能引起人们的注意和兴趣，问和答相辅相成，直指核心内容。

以上的导语写作方式是日常新闻写作中常见的方式，在写作中，还有一些导语写作如描述性的导语、悬念式的导语，所以学习时不能过于教条，但是如果掌握了这几种方式，对小记者来说，已经完全可以写出优秀的新闻导语啦！

第二节　使用引语让新闻更精彩

在上一节关于导语写作的介绍中，我们已经提到导语中使用引语，会达到非常好的效果。因为引语的使用，仿佛将新闻事件中的人物形象直接呈现在人们面前，鲜活而具体。

在新闻作品写作中，不只是导语常常用到引语，在正文中也是经常用到，比如会议报道。会议报道中常常是间接引语，而一些生动活泼的新闻中，我们常可以看到活灵活现的直接引语。直接引语比较原汁原味，记者的修饰相对较少，对于人物形象表达、事件内容表现都较为直观。

一、直接引语

有些记者和采访对象交谈之后，写作中不知道怎么选择直接引语，感觉哪句都想用，这当然是不合适的，一定要有所选择。可以被选用在稿件中的直接引语一般具有这样的特点——

本质内容。这句话可以揭示所要报道的内容的本质，往往是理想的引语。

感情色彩。能够表现说话者感情的句子，有些是激动的、有些是气愤的、有些是狂妄的，无论哪种句子，在特定的上下文中，都可以合理使用。

个性特征。直接引语是表现人物个性特征的最好手段之一，当然动作表现也是很好的手段。

事件闪回。如同视频回放，在新闻报道中，当事人在回忆某个场景时，直接引语经常被用到。

我们来看一下节选自《访李政道博士》中的一段文字，叙述了李政道先生对于和毛泽东主席见面的回忆。

李政道：那一天是（1974年）5月30日，我当时住在北京饭店。早上6点钟，电话铃响，说：毛主席想接见你。我当时还没有起床，于是赶紧穿衣洗漱，一个小时后来到中南海毛主席的书房。毛主席和我握手之后，刚一落座，毛主席就问："对称为什么重要？对称就是平衡，平衡就是静止。静止不重要，动才是重要的。"我顺手从茶几上拿起一个拍纸簿，把一支铅笔放在上面，向一方倾斜，笔就向下滚动，然后又向另一个方向倾斜，笔又向另一个方向滚动。我这样重复了三次，然后我说："主席，我刚才运动的过程是对称的，可是没有任何一个时刻是静止的。"我解释说，对称不是简单的平衡，运动中也可能是对称的。毛主席对什么是对称很有兴趣，他说，他一生经历的都是动荡，所以认为动是重要的。他年轻时念科学的时间不多，有关科学的观念大都是从他读过的一套汤普森写的《科学大纲》（Outline of Science）中得来的。我们的谈话进行了大约一个小时。

我们可以看到，在这段回答记者提问的直接引语里套着李政道与毛主席对话的直接引语，既起到事件闪回的作用，也表现了见面的和谐气氛，以及毛主席的个性特征，非常传神。

大家知道，新闻是要用事实说话，直接引语当然是事实的一种，但在使用时，一定要记住两点。首先，要标明信源，也就是这句话的来源。话是谁说的，一定要清楚，不能看到一句直接引语，前后都看不出来说话的人是谁，这就是写作中的漏洞了。其次，一定不要用形容词或副词，一旦用了形容词或副词，作者就偏离了客观公正的立场。比如，"不耐烦地说""气愤地说"这样的表达方式比较忌讳。我们只需要把直接引语写出来，让人自己去体会就可以。

一起来看下面这篇获得中国新闻奖的作品——

苏尼特牧民：赶着羊群上天猫

"羊肉一上天猫，广告就出去了，我们的产品就能卖上好价钱啦，哈哈，太好了！"2014年12月18日，苏尼特羊肉产品在天猫商城正式上线开业，苏尼特左旗巴彦淖尔镇查干淖尔嘎查牧民巴特尔听到这个好消息，特别兴奋，他坐在自家的电脑前，时刻关注着开业情况。

羊肉销路越广，卖得越多，牧民的收入就越高，牧民都知道这个理儿。在网上买卖东西，巴特尔以前只是听说。他从没想到，这么好的事儿竟然和牧民及他们的产品苏尼特羊肉扯上关系，他们的"羊群"会被"赶"上互联网。

"天猫商城销售的苏尼特羊肉产品，必须具备地理标志认证和溯源认证，两者缺一不可。"参与推进网络销售平台建设的苏尼特左旗财政局副局长陈晓刚说，销售公司承诺，开业后，4个月销售额要做到300万元。

2014年春天，在苏尼特左旗，有15万只小羊羔出生1个多月就被打上了耳标，有了可追溯身份证，约占苏尼特左旗羊总出栏数的1/5。

戴上耳标，就拥有了溯源认证。"品名：手工肉馅；重量：2.5kg；养殖户：格·孟克；品种：苏尼特羊；地理标志：锡林郭勒盟苏尼特左旗；水质：河流2条，大小湖泊1363个，其中淡水湖672个；饲草种类：饲用植物671种……"在满都拉肉食品有限公司，记者拿起一袋冷冻饺子馅，用手机扫描一下二维码，产品的信息便一览无余。

巴特尔说："苏尼特羊是幸福的羊，从小就有了身份证，每天在辽阔的草原上散步。它们的身价也比普通羊高。"

打了耳标的苏尼特羊肉在品种、产地等各方面都有了保障，企业收购时每公斤比市场价高出2元。2014年，巴特尔卖了400只羔羊，在羊肉价格整体下跌的形势下，也算是得到了不少补偿。他说："一只羊能多卖二三十块钱，这样过冬的草料钱就基本解决了。"

独特的地理环境，赋予了苏尼特羊肉"肉中人参"的美誉。"全国羊肉看内蒙古，内蒙古羊肉看锡林郭勒盟，锡林郭勒盟羊肉数苏尼特。"在苏尼特左旗，每个牧民对自己的羊肉都有这样的自信。遗憾的是，苏尼特羊肉价格一直以来并未高出太多。

2014年，苏尼特左旗被确定为"锡林郭勒羊肉"全产业链追溯体系建设试点旗县和自治区农村牧区综合改革示范点旗县，深化畜牧业改革，实施打通畜产品流通服务"最后一公里"一系列举措，为该旗肉羊产业实现优质优价提供了技术保障。

拥有地理标志认证和溯源认证的苏尼特羊肉产品，来源可追溯，去向可查证，责任可追究，杜绝了市场上"挂羊头卖狗肉"的现象。在羊源上提高门槛，以电商和物流延伸产业链，苏尼特羊肉形成了从生产到市场的现代化全产业链。这是富民强旗的重要举措，也为打造"苏尼特羊肉"品牌搭建了平台。

目前，该旗已与顺丰速运公司达成合作协议，天猫商城销售的羊肉产品，在北京实现同城配送，外地48小时内到货。

"为充分发掘电商潜能，我们与杭州一家专业的销售公司进行合作，努力搞好网络销售，打出品牌，稳定一个高端消费群。"苏尼特左旗旗委副书记胡成东说。

2014年12月18日9时，苏尼特羊肉在天猫商城的"放心食品专营店"刚一亮相，就引起不少网民关注，截至当天17时，点击量达到1800多人次。

（乌日图那斯图、刘国新、陈春艳、巴依斯古楞，《内蒙古日报》2014年12月19日）

文中多处使用了直接引语，甚至可以说写作中使用引语是这篇稿件获奖的重要原因之一。稿件中不仅有牧民的话，也有旗财政局副局长、旗委副书记的话，这些人的话，都指向一个点：苏尼特羊肉产品借助互联网进行销售，不但扩大了销量，也提高了价格，牧民实实在在得了实惠。

二、间接引语

在较为严肃的新闻报道中，间接引语使用频繁。另外，在不少新闻作品中，很多记者习惯根据语境的不同，将直接引语和间接引语变换使用。所以，使用没有一定之规，要视具体情况而定。

比如，新华社报道习近平总书记在全国教育大会上的讲话时，就用了间接引语，这样更能体现会议的严肃和重要。以下是稿件节选内容——

（2018年）9月10日是我国第三十四个教师节，习近平代表党中央，向全国广大教师和教育工作者致以节日的热烈祝贺和诚挚问候。他强调，长期以来，广大教师贯彻党的教育方针，教书育人，呕心沥血，默默奉献，为国家发展和民族振兴做出了重大贡献。教师是人类灵魂的工程师，是人类文明的传承者，承载着传播知识、传播思想、传播真理，塑造灵魂、塑造生命、塑造新人的时代重任。全党全社会要弘扬尊师重教的社会风尚，努力提高教师政治地位、社会地位、职业地位，让广大教师享有应有的社会声望，在教书育人岗位上为党和人民事业做出新的更大的贡献。

习近平在讲话中指出，党的十九大从新时代坚持和发展中国特色社会主义的战略高度，做出了优先发展教育事业、加快教育现代化、建设教育强国的重大部署。教育是民族振兴、社会进步的重要基石，是功在当代、利在千秋的德政工程，对提高人民综合素质、促进人的全面发展、增强中华民族创新创造活力、实现中华民族伟大复兴具有决定性意义。教育是国之大计、党之大计。

我们再举一个在稿件中直接引语和间接引语穿插使用的案例：中国新闻奖获奖稿件《我国科学家在国际上首次"看到"氢键》。

本报北京 11 月 22 日电 中国科学院国家纳米科学中心 22 日宣布，该中心科研人员在国际上首次"拍"到氢键的"照片"，实现了氢键的实空间成像，为"氢键的本质"这一化学界争论了 80 多年的问题提供了直观证据。这不仅将人类对微观世界的认识向前推进了一大步，也为在分子、原子尺度上的研究提供了更精确的方法。

这一成果发表在日前出版的《科学》杂志上，被评价为"一项开拓性的发现，真正令人惊叹的实验测量""是一项杰出而令人激动的工作，具有深远的意义和价值"。

这项研究是由国家纳米科学中心研究员裘晓辉和副研究员程志海领导的实验团队，以及中国人民大学物理系副教授季威领导的理论计算小组合作完成的。

裘晓辉解释说，氢键是自然界中最重要、存在最广泛的分子键相互作用形式之一，对物质和生命有至关重要的影响——因为氢键的存在，水才在常温下呈液态，冰才能浮在水面上；也因为氢键的存在，DNA 才会"扭"成双螺旋结构；很多药物也是通过和生命体内的生物大分子发生氢键相互作用而发挥效力。

但自从诺贝尔化学奖得主鲍林在 1936 年提出"氢键"这一概念后，化学家们就一直在争论：氢键仅仅是一种分子间弱的静电相互作用，还是存在有部分的电子云共享？

裘晓辉带领的研究团队对一种专门研究分子、原子内部结构的显微镜——非接触原子力显微镜进行了核心部件的创新，极大提高了这种显微镜的精度，终于首次直接观察到氢键，为争论提供了直观证据。

"利用改造之后的显微镜，我们可以看到头发丝百万分之一那么微小的结构。"裘晓辉说，"我们团队的研究人员手工制作了显微镜的探针、自制了核心部件'高性能 qPlus 型力传感器'等，这就像给汽车换上了我们自己制造的发动机，让这台仪器的关键技术指标达到国际上该领域的最高水平。"

"'看到'只是第一步，关于氢键的研究还有很长的路要走，比如，氢键的'测量'、不同分子间氢键的'比较'等。"程志海说，科研团队的研究还会拓展至其他关键化学键的研究，比如，共价键、离子键、金属键等，以及进一步在原子、分子尺度上实现不同化学键的比较和强度测量等。

（齐芳，《光明日报》2013 年 11 月 23 日）

第三节　新闻背景让新闻更生动

在新闻写作过程中，在写完最新鲜的新闻事实之外，常常要加入新闻背景的写作。新闻背景可以帮助人们更好地了解新闻事实，对于新闻事实的意义的完善具有重要作用。

既然是背景，所以相对新闻来说，甚至是旧闻，但是对于完备受众的事实了解不可或缺，甚至可以起到关键作用。

新闻背景在稿件中的位置是不固定的，可以在导语中，也可以在主体里，还可以在文末。最常见的是在稿件主体中。新闻背景并不一定一次写完，而是可以穿插使用，非常灵活。

第七章 写好新闻"艺多不压身"

贵州告别最后一条马班邮路

本报讯 唱了几十年"马儿跑,你慢些走"的晴隆县城至中营邮路,去年末已响起了汽车喇叭声。至此,全省告别了最后一条农村马班邮路。

晴隆县位于乌蒙山脉南坡,山岭连绵,沟谷纵横。从县城到花贡、中营,要翻越海拔1700多米的两道大山,涉过3条大河。这里两个邮电支局服务范围内9个乡镇、56个行政村以及省属重点茶场、铅矿的邮件报刊,从来都靠人力背挑,50年代末才添置4匹马驮运,在山间小道上跑起"邮政马帮"。80年代中期曾一度利用委办汽车运邮,但由于公路要绕道普安县城和六枝特区,多走百多公里,往返一班要三四天,仍然还得靠马班辅助。中营区的群众说:从晴隆寄到中营的信,比寄到联合国的时间还长!

去年10月,地方交通部门修筑的县城到花贡的县内公路竣工。年末客车正式营运直发花贡。晴隆县局及时利用客车委办邮运,早晨从县局交发的邮件,3个半小时可到花贡,再经自行车班衔接,当天到达中营支局。中营区读者原来要一周之后才能读到的《贵州日报》,现在第三天就可以见到了。

(杨煜光、张启飞,《贵州邮电报》1992年1月24日)

这篇稿件很短,只有四五百字,却获得第三届中国新闻奖二等奖。通篇只有三段,我们看到第一段是新闻事实,后两段都是新闻背景。这两段背景讲述了公路竣工前,农村马班邮路环境差、速度慢的情况。如果仅仅发第一段文字,整个消息非常单薄,加上背景,形成了新旧两种情况的对比,让人深刻感受到意义重大。从这些朴素的文字里,我们不仅可以读出新公路带来的变化,也可以理解国家在基础设施建设方面的投入实际是在大的改革开放背景下进行的。

新闻背景在什么情况下使用呢？

完善新闻事实。没有新闻背景，新闻报道也能将事实基本讲清楚，但是有了新闻背景，对于人们了解事实往往能起到锦上添花的作用。

突出新闻价值。一篇引人注目的作品是需要有一些特质来引人关注的。这些特质可能是心理上和地理上的贴近性，也可能是趣味性，有时候新闻背景的叙述可以达到这样的效果，这也体现作者对于新闻价值的把握能力。

17名教师同出一家　40年培养万名山娃

本报讯　5月3日，记者赶到位于太行山深处的平山县卷掌村李书亭家时，这个"教师之家"正在编修特殊家谱——《李家教师谱》。改革开放40年来，老李家共出了17位教师，全部扎根深山，先后培育上万山里娃。

17位教师中，65岁的李书亭资格最老。"我从北冶中学毕业后有仨选择：到乡放映队当放映员，到县交通局当办事员，到乡中当老师。"在李书亭的记忆中，那时乡亲们日子都过得很苦，这让他深深感到"只有学到文化才能挖掉穷根"。于是，他毅然选择了当老师，一干就是40年。

卷掌村村民把孩子的教育看得很重，常说"嘴拱手扒也得供娃上学"。可是在解放前，经济落后，民不聊生，孩子们根本念不起书。解放后特别是改革开放后，乡亲们逐渐过上了好日子，娃们也高兴地背起书包走进学堂。村里尊师重教的氛围日益浓厚。该村150户先后走出35位教师，被誉为"教师村"。这35位教师中，李书亭这家子占了近一半。

记者走进李书亭家堂屋，当地党委、政府颁发的"教师之家"牌匾挂在最显眼处，一尘不染。李书亭说，他的爷爷、父亲、大伯都没文化，很羡慕有知识的人，发誓一定要让下一辈识文断字。孩子们也争气，长大都成了知识分子。他父亲这支，儿子辈出了2位教师，孙子辈出了10位教师。李书亭亲大伯家，儿子辈出了2位教师，孙子辈出了3位教师。17位教师中，有5对夫妻，6位共产党员，5位校长。乡亲们都夸老李家"一代更比一代强"。

言传身教，耳濡目染。李书亭的儿子和女儿都当了老师，儿子李彦子现在是下口镇中心学校校长。"家有半斗粮，不当孩子王。"李彦子说，但那是老话了，"十年树木，百年树人"才是硬道理。他们粗略算了算，几十年来，全家17位教师共培育了上万名山里娃。

"我希望今年考上一个师范类大学。"李书亭五弟李春海的儿子李泱泱正在县里上高三，这个一脸稚气的高中生深受家人影响，希望做李家第18位教师，续写《李家教师谱》。

老李家几十年教书育人，成果不小。李玉法是李书亭教过的学生，当过记者，开过公司。两年前，他毅然回到卷掌村当了第一书记，带领乡亲们搞旅游开发、协调道路修建，昔日的贫困村发生了很大变化。像李玉法一样，受李家教师培养成才后又反哺家乡的不在少数。

今年，中共中央、国务院印发了关于《全面深化新时代教师队伍建设改革的意见》，提出"兴国必先强师"。在李书亭看来，这是教育领域改革的大事件。中央对教育越来越重视，教师地位不断提高，大家坚守三尺讲台、甘为人梯的心劲儿更足了。

（范文龙、李彦水，《石家庄日报》2018年5月6日）

我们看这篇消息会发现，新闻背景是穿插在其中的，有卷掌村解放前后教育情况的对比，也提到了中共中央、国务院引发的关于教师队伍建设的文件，这些都丰富了作品，让读者看到一个偏僻乡村对于教育数十年来的重视。

第四节　新闻有独特的语言特点

尽管新闻事实本身是一条新闻最重要的元素，但毫无疑问，新闻的语言表达方式也十分重要。人们能够看懂和喜欢看这条新闻，除了事实，还在于作者高超的语言表达能力。掌握一定的表达技巧，对于写出好作品是至关重要的。

新闻语言最基本的要求是——

准确。新闻事实来不得半点含糊，那种模棱两可的字眼在新闻表达中不受欢迎，甚至可以说，如果没有准确的表达，这就不是一件合格的新闻作品。

通俗。新闻语言切不可佶屈聱牙，让人看了如坠五云之中。有时候新闻事件确实比较专业，那么只有用通俗的语言来叙述专业的内容，才可以实现深入浅出的目标。

具体。多数情况下，不要用模糊的数字、概括的说法，而是越具体越好，越具体读起来越有概念。

简洁。新闻语言一定要简洁，切忌啰啰唆唆，不知所云。写消息时要尽量用少的字把意思表达清楚；写通讯时虽然篇幅较长，也要尽量简洁表述。

生动。要达到语言生动，是一个比较高的要求。新闻往往是动态的事实，生动就是要求作者在运动中捕捉并表达出有特点的真实存在。

一、新闻的遣词造句

写新闻的时候，用词需要注意以下几点。

（一）名词要具体

其实这也是新闻写作中"准确"的要求。比如，说到水果的时候，要说清楚是什么水果，葡萄、荔枝还是芒果？描述人的时候，也要说清楚，多大年纪的人？外貌怎样？有多少人？总之，跳脱抽象的名词，追求具象的名词表述。

（二）形容词少用，副词不用

形容词和副词是起到气氛和状态渲染的作用，在报告文学中用得比较多，但报告文学属于文学体裁，和新闻作品不是一个概念。新闻作品追求客观公正，所以渲染性的词语尽量少用，列出事实就最好，用事实说话，让人通过阅读来自我感受。

（三）行为动词相对用得普遍

无论是新闻标题，还是正文中，动词用得较多，行为动词更多。尤其在一些特稿的写作中，更是如此。因为行为动词对于人物、事件的描述起到重要作用，也让稿件更生动、更可读，对于吸引人很有效果。

（四）多用主动语态

在使用行为动词的时候，主动语态更符合常规的叙述方式。比如，"他对那天两人见面的场景印象深刻"比"那天两人见面的场景让他印象深刻"的表述更自然。

二、新闻的段落构成

某种意义上讲，句子构成了新闻的微型世界。新闻尽量用短句，不要用长句子。注意每个段落的第一句话是比较重要的，有时会起到统领全段的作用。

在写特稿的时候，经常会分出小标题，每个小标题讲一个中心内容，这样小标题之间的逻辑关系就比较清晰，阅读起来不费劲。

从下面这篇特稿，我们可以体会一下多用引语、用行为动词、使用短句子、一个段落表达一个意思等特点。

老杨种菜记

"再清点一下，看看钱有没有少。"

"错不了！"

湖南益阳市赫山区衡龙桥镇湘江西村，蔬菜种植合作社的会议室里，点钞机哗哗响，每一次停顿，桌上就出现一沓数百元到上万元不等的现金，花名册上随之摁下一个红手印。老杨在跟客户们结账。

老杨今年50岁，大名杨利民。记者问老杨，以前想过生意做到这么大吗？他果断回答："绝对想不到！"再问他，咋能做得这么好？他不好意思了，摸摸头说："七分靠打拼。"

回家·创业

老杨是地地道道农村人。不过，他此前就没正儿八经干过农活。要说到他种地，那也才近些年的事。

为啥这样？一个原因，种地不挣钱。老杨一家原有9口人，拢共才12亩地。靠种地养活这一大家子，困难。为了多赚点钱，20岁老杨就出去了。一路闯来，干过装修，卖过保险，后来有了经验，开始管理工程项目。

转眼到了2011年，村里引进一家农业企业，计划流转土地，发展蔬菜种植。老杨见过世面，办事又靠谱，企业负责人拉他一起干。听说回老家干农业，老杨立马提起了兴致，"闯荡30多年，还是想回家。"

4个多月脚不沾地地忙，老杨挨家挨户做工作，流转到500多亩地。正当他铆足了劲，准备开始种植时，企业出现了经营问题。眼看之前努力要打水漂儿，他不甘心，"我来想办法！"老杨找到5个多年合作的老伙计，真把企业顶了起来。

虽然一波三折，但让老杨没想到的是，后面顺利极了。先建大棚蔬菜基地，再组农民专业合作社，机制一顺，万事皆顺。村里地势平、水源丰，老杨在这里种菜，很快打开了局面，茄子、辣椒、小白菜等时令蔬菜长势喜人。

第一批菜品上市，他直接拉到60公里外的长沙马王堆蔬菜批发市场，不用他吆喝，菜就被经销商抢购一空。"基本上不愁卖，种出来就能变现。"老杨顺势将种植规模扩大到700亩。

转型·升级

种菜、卖菜，这样简单的生意，老杨原以为能一直干下去。哪想到，好日子只维持了3年。

不知怎么地，到了2014年，老杨的蔬菜渐渐不再畅销。

咋回事？老杨边琢磨、边调研，原来，周边人看着蔬菜集中种植挣钱，于是纷纷上马蔬菜基地。粗放经营的蔬菜种植，成了大路货。

"必须要转型了。"老杨明确了方向。

但具体怎么转型，真不知道从哪儿下手。老杨放下手头的菜地，"自费出差"，跑到山东、河南等地，参加了许多有关蔬菜的农资展览，还实地考察了一些知名生产基地，学到了不少经验。

学到了啥？老杨一总结，就是四字：绿色、高效。老杨说，现在生活水平提高了，城里人买菜开始变得更讲究。村里的蔬菜要闯出市场，发展现代高效农业是大势所趋。

老杨先请专家进村，对土地做了两次全面"体检"。"好地才能种出好菜，搞绿色高效农业，得有扎实底子。"

确定土地没污染，他就放开了胆，拿出半辈子攒下的积蓄，对蔬菜基地进行了大改造。同时，老杨还注册了商标，立志做成品牌。

在当地农业部门帮助下，老杨的合作社与湖南农业大学建立了技术指导关系，还承担了省微生物研究所的多项技术推广和应用实验。

"玩的都是高科技，基地里新品种、新肥料、新药剂的应用率达到100%。"他还计划在基地架上摄像头，建立农产品溯源模式，让顾客扫描包装上的二维码，就能看到蔬菜的生产情况和种植过程、检测证明。

现在，蔬菜基地不仅通过了绿色农产品产地认证，还获得了农业部蔬菜标准园、湖南省"三品一标"示范合作社等称号。在此基础上，基地的精品蔬菜拓宽了市场，走进了长沙的高端超市，最近更是跟广东企业签了约，即将供应香港市场。

传承·较劲

合作社走上了正轨，蔬菜基地摊子越铺越大，老杨有些应付不过来，盯上了在外工作的儿子杨迪。

老杨三天两头给儿子打电话："农村是个大舞台，年轻人一样能闯出名堂。"架不住父亲的游说，2017年，20多岁的杨迪成了村里第一个大学生农民。

小杨有自己的想法。他回村后，不甘心给老杨打下手，琢磨来琢磨去，竟然蹚出了一条新路子——和村里合作成立公司，干起了特色农产品加工。

"老爸卖出去的都是新鲜菜，我就跟他搞'错位发展'。"基地里的蔬菜，尽管品质都不赖，但有一些产品因为品相不过关而入不了老杨的"法眼"，杨迪借机捡漏，二次加工，把这些菜做成干辣椒、卜豆角等农家菜。

"不得不承认，他的利润空间比我的高一大截。这小子是块干农业的料。"让老杨感到意外的是，儿子不仅能搞出新产品，还能卖到全国各地。原来，小杨在埋头做加工的同时，还腾出手来干电商。小杨在多个网购平台都开设了网店，曾经上不了台面的乡土菜，摇身一变成了热销品。

2020年初，父子俩相互亮出了2019年成绩单：老杨的蔬菜基地扩大到1900亩，共做成了1500万元蔬菜生意，发给老乡们的劳务费就接近300万元；小杨的公司也卖出了300多万元农产品，电商销售额突破200万元。

"我跟广东一家企业签了笔大单，2020年每天供应5万斤蔬菜。"谈到今年要全面小康，老杨志在必得。小杨也毫不示弱，跟老杨撂着劲儿干，交出自己的底牌：占地400平方米的新工厂即将投产，不光卖村里的产品，还要把十里八乡的特色农产品销往天南海北。

（程焕，《人民日报》2020年4月14日）

三、新闻的细节描写

在报道中，尤其是深度报道中，最为打动人的是细节。要想在稿件中写出新意，细节常常是需要观照的。怎样出细节？一定不能人云亦云，不能照搬资料，而是要到现场进行采访，实地采访能够发现很多细节。如果为了省力，电话采访或者干脆资料堆砌，是绝对出不了好作品的。

我们现在提倡记者的"四力"：脚力、眼力、脑力、笔力。脚力为什么排在第一位？因为只有到了现场，看到了、听到了、感受到了，才能有全面而深入的思考，才能下笔有力。实地采访发现的细节是任何其他采访方式无法替代的。

2022年7月，北京师范大学的三家附属中学：北师大附中、北师大附属实验中学、北师大第二附属中学联袂奉献了一场由学生主演的话剧《窝头会馆》。如果记者对这一事件不实地采访，那么认识也就只会停留在三家附属中学进行了一次跨校合作上。但经过细致采访，记者发现三所学校还联排过话剧《茶馆》，这也是一次三校语文教研组通过戏剧教育进行育人的创新，整个剧的台前幕后都是学生在忙前忙后等，这些通过对老师、学生采访后的细节呈现，让一篇新闻稿变得具体而丰满，让人们对于戏剧教育的认识明显提高。

我们再来看一下《人民日报》在新中国成立70周年之际发表的一篇稿件《信仰之花永不凋零》。

信仰之花永不凋零

拨开满径蕨草，沿小路上山，烈士后代钟鸣领着我们去看当年的红军阵地。"这就是当年的战壕。"手指处，壕沟依稀可见，一旁散落些许砖瓦，应是简易碉堡的遗迹。雷声不时在耳边响起，仿佛呼应着85年前那场大战的炮火轰鸣。

这里是福建省长汀县松毛岭一处名叫白叶洋的山头——松毛岭战斗中红军主阵地之一。1934年9月，红九军团、红二十四师和福建苏区地方武装在这里坚守着中央苏区东大门的最后屏障，为了给红军主力转移赢得足够时间，他们要用生命与时间赛跑。

9月底，红九军团接上级指示后先期下山集结，在中复村观寿公祠前举行誓师大会，迈出了长征的第一步。红二十四师连同其他部队继续坚守，与数倍之敌展开激战。

《长汀县志》记载："是役双方死亡枕藉，尸遍山野，战事之剧，空前未有。"

此后，红二十四师仍在奋力抵抗，迟滞敌人进入长汀县城和瑞金的时间。

"他们后来怎么样了？"

"现在留下的资料很少，绝大多数可能都牺牲了。"钟鸣说。

瞿秋白也是留守者，在长汀被捕，关押在敌36师师部。中统专门派人劝降，被他严词拒绝，就义前写下绝笔："……秋白曾有句：'眼底云烟过尽时，正我逍遥处'，此非词谶，乃狱中言志耳。"

在关押旧址，我们看到了这位我党早期领导人就义前的照片——身穿中式对襟衫、抵膝布短裤，脚穿一双黑线袜和黑布鞋，面带微笑。照片里，感受不到死亡阴影的笼罩，一如他最后留下的文字："一切新的，斗争的，勇敢的都在前进。那么好的花朵，果子，那么清秀的山和水，那么雄伟的工厂和烟囱，月亮的光似乎也比从前更光明了。"

行刑的日子是85年前的6月18日。他用俄语一路高唱《国际歌》，在长汀县罗汉岭的一处草坪前，英勇就义，生命定格在了36岁。

跟瞿秋白同年被敌人杀害的还有何叔衡，大瞿秋白23岁，党的"一大"代表中年龄最长者。遇难处在长汀县濯田镇梅迳村的一处山头。遇敌围堵后，59岁的长者只身跳崖，身负重伤，而后被杀。牺牲前，他留下一句话："我要为苏维埃流尽最后一滴血。"

触摸尘封历史，精神的力量依然震撼人心。瞿秋白关押处，讲解员介绍，院子里的一株石榴树，年年开花，依然鲜艳。是的，信仰之花永不凋零，只会越开越艳。

（颜珂，《人民日报》2019年6月17日）

这篇稿件篇幅有限，是人民日报社组织的"壮丽70年 奋斗新时代——记者再走长征路"活动中的一篇稿件。稿件讲述了85年前的一段历史，记者实地探访了当年红军的战斗地点。尽管硝烟已散，但是记者巧妙地通过采访查看，文中引用了《长汀县志》、瞿秋白的文字、他就义前留下的最后的照片、何叔衡的遗言，这些细节让整篇稿件虽然是回顾历史，却鲜活而有力量，让人们感受到信仰的光芒。

四、新闻的故事讲述

在特稿的写作过程中，故事特别重要。比如，人物报道，怎样体现主人公的性格特征？写领导干部，光说他一心为民，或者大公无私，是没有说服力的，一定要用故事给人直观的感受。新华社的经典篇章《县委书记的榜样——焦裕禄》在对焦裕禄的写作中，用了大量的故事。由于采访写作时，焦裕禄已经去世，穆青等三位记者采访了他身边的许多人，获取了许多一手资料。这些可贵的资料多数都是干部群众和焦书记接触中的小故事，正是这些小故事，树立起一个心里想着如何帮助兰考脱贫、如何让群众过上好日子的优秀干部形象。

下面这篇由北京青年报记者在恢复高考 31 年之际采写的人物报道,也颇具故事性,非常可读。

1977 年恢复高考:恢复了知识的尊严　感恩至今

1977 年,中国的年轻人陆续听到一个好消息:中断了十多年的高考要恢复了。于是在大江南北、城里山村,很多年轻人重新拿起丢掉了十年的中学课本,挑灯苦读,希望重圆学习知识的梦想。涂光晋就是他们中的一个。那一年,全国报考大学的人数是 570 万,录取人数 27 万人,录取率 4.7%。

在涂光晋最终如愿考进北京大学之前,她的父亲已经去世了。拥有美国康奈尔大学博士学位的父亲,临终前曾抱憾一双儿女都没有接受高等教育。在恢复高考之前,涂光晋这个师大女附中的优秀学生已经当了近 6 年农民和 3 年多工人。她和她的同代人一样,是带着满身沧桑与阅历走进大学校园,迎接命运的转变。她从不抱怨 26 岁之前的艰苦磨砺,但对恢复高考带来的命运转折,至今感恩。

17 岁的北师大学生当农民
秋收挑担一天磨烂一件衬衫

1968 年,打心眼里赞成和拥护毛主席"知识青年到农村去,接受贫下中农的再教育,很有必要"的涂光晋登上了赴延安的火车。那年她 17 岁,是北京师大女附中最好的学生之一。老父老母刚刚把大儿子送去内蒙古,又送走小女儿,不舍地流下了眼泪。但涂光晋是兴奋地出发的,"认为当农民也不失为一种人生选择"。

涂光晋的知青点在延安延长县的黑家堡公社葛家圪台村。6 个女生开始住在村里一对葛家兄弟家里,后来才自己打了窑洞。从此吃的是舍不得放碱的玉米面酸馍馍和舍不得放盐的腌酸菜，干的是农村的重体力劳动。她能挑 180 斤豆子上坡，盛夏中午往返 20 里路给地里的乡亲送饭：去时挑一担庄稼，回来挑一担水和饭。秋收时，她一天就把妈妈寄来的新府绸衬衣肩部磨烂了，下工后要同学把烂布和皮肉一起撕下来。没有口粮了，晚上 6 个女生就躺在炕上饿着肚子聊北京西单食品店。但是涂光晋从没抱怨和叫苦过，倒是和同学商量着帮生产队买一台钢磨。

那时队里没有机器磨，磨粮食都靠驴拉石磨，忙的时候村民凌晨就要排队领驴。涂光晋和另一个女生趁回北京探亲时，在昌平买了一台钢磨。为了给队里省钱，她们俩带着几百斤的机器，一路从延安拦过路车回村；在延安等托运的机器时，数九寒天里 4 天只吃自己带的窝头，只住过一晚大车店，一路吃、住、交通加起来只花了 2 元多钱。最后向队长交账时，队长的眼泪都下来了："你们这些女子真能省钱。"

23 岁成为最好的女车工
却因病丧失被推荐上大学的机会

不久公社修水电站，涂光晋被派去工地当宣传队副队长。冬天里白天拉石料，汗湿了棉袄；晚上换上单薄的夹袄给乡亲演节目，冻得发抖。宣传队住的窑洞本是个羊圈，四面透风还不能烧炕。如此半年后，涂光晋突然病倒，持续一个月高烧 40 摄氏度，右臂完全不能动弹，穿衣服都要同学帮忙。医生的诊断结果是：风湿性心肌炎加风湿性关节炎。此后，低烧伴随了涂光晋两年时间。病里，一起插队的"发小"史维平用仅存的白面给她做了一碗面条，让她落下了来农村后唯一一次眼泪。

生病后，在河南五七干校的父母坚决让她病退回北京治疗。但北京的政策给了她人生第一次打击：只有在下乡之前就证明有病的知青才能办病退。为此，涂光晋所在大队的带队干部给北京市委、延安地委写信，"以共产党员的名义"为她争取病退资格。1974 年，涂光晋回到北京，被分配到西城汽车修理厂当工人。她先后当过模工、车工和汽车修理工。抱着"当农民就做个好农民，当工人也要做个好工人"想法的她，很快得到了老师傅们的赞誉和喜爱，因为她是车活儿最好的青工。

但是，已经准备踏实当工人的涂光晋还是难免失落。那是在去北京大学看望被推荐为工农兵学员的中学同学时。表面上和别人一样说笑，但心里很难受——由于生病失去了被推荐的机会，上大学已经遥不可及，她看不到前途和希望。那天和同学告别后，她独自在北大的未名湖畔站了很久。

高考前一天提前拆线
《我在这战斗的一年里》得高分

1977年夏天，恢复高考的消息开始在社会上流传。涂光晋听说后兴奋莫名，四处借来初、高中的课本，晚上下班后就复习。比她还兴奋的是她父亲，当时已经生病住院的父亲在病床上还坚持帮她补习数学，康奈尔大学博士出身的老人，在昏迷中还念着那些数学公式，那一幕永远留在涂光晋的记忆里。可是还没等到恢复高考的消息公布，父亲就去世了，临终前还抱憾，两个儿女都没有接受高等教育。

之后的事也不顺利。先是涂光晋被厂里通知不能报名高考，因为当时要求25岁以上的报考者必须念过高中。她就自己跑去报名点，力陈自己差一个月才满26岁，这才报上了名。离高考还有10天时，她又出了工伤，右手中指的皮肉被机器掀起一大块，缝了9针，不能写字了。于是妈妈帮她摘抄学习笔记，考试前一晚还逼着她背半角公式和倍角公式。也是妈妈，在填报志愿时坚持让涂光晋填报北京大学图书馆专业，因为她始终相信自己的女儿是最优秀的。

高考前一天，涂光晋提前去医院拆了线。但右手缠着绷带还是不能打弯，写字很不方便。在考场上，她一怒之下自己拆了绷带，夹着笔答题。那一年北京高考的作文题是《我在这战斗的一年里》。涂光晋的作文开头是这样写的："我在这战斗的一年里……拿笔的手还裹着绷带……"这篇作文获得了高分。

满手油泥
去见北大老师

也许是因为那么多病历放在档案里，涂光晋尽管平均每科考了80分以上，还是没有第一批被北大录取。后来，中央多家新闻单位由于多年人才匮乏，强烈要求北大新闻专业扩招。扩招40人的决定下来后，当年主管北大新闻专业招生工作的秦珪老师给涂光晋打来电话，问她图书馆专业招满了，是否愿意考虑新闻专业，并请她去招办所在的崇文门宾馆面试。那一年，时任北大副校长、主管招生的张龙翔定下的规矩是：不要因为学生家长的所谓历史问题，影响正常招生。秦珪老师在录取时，发现一些考生第一批没被录取，是因为档案里有"祖父在台湾""父亲是右派"等内容，在第二批录取时都拿了出来。

接到秦珪老师的电话时，涂光晋正躺在汽车底盘下揭油底。她来不及洗掉手上的油泥，就骑车从广安门赶到了崇文门。可是晚上当她把被北大录取了的消息告诉妈妈时，妈妈一点儿笑容都没有。"因为多年的政治运动经历让她担心这个专业的前途。"涂光晋说。

上北大
为父亲、为没机会上大学的所有人

再次走进北大校园那天，涂光晋再次来到未名湖边，流下了眼泪。那年她26岁，是班里年龄最大的女生，比全班年纪最小的同学整整大了10岁。但她不是为自己的经历流眼泪，而是为那些同样经历了坎坷，却没机会再读书的同龄人难过。"大学四年，我不是为我个人学习，而是为我父亲，为我们那一代人学，我没有权利不好好学习。"

北大中文系77级在当年是当之无愧的天之骄子。在课堂上，他们率先开始了思想解冻和重建的过程。虽然教材还没来得及更新，还有

"文革"前、"文革"期间工农兵学员的内容，但课堂上的自由之风已经恢复。头两年，新闻专业70人与文学专业49人一起上基础课，同学中有陈建功、马波（老鬼）、查建英等后来的作家。上课可以带茶缸子、抽烟，经常自由讨论；同学的作品要彼此传阅，互相争论的事常有发生；三角地是最活跃的思想交汇之地。憋了十年，学生们拼命学习，老师们也热情极高。以中文系的古典文献专业为例：北大古典文献专业创始人之一阴法鲁先生、唐宋辽金史专家邓广铭先生、专攻甲骨学与殷商史的裘锡圭先生、历史文物鉴定专家史树青先生都亲自给学生上课，名教授们只上课还不够，下了课还跑到学生宿舍去讲。那四年，涂光晋不能住在学生宿舍，因为每天下课后要回家给母亲、姑姑、侄子做饭，做家务。尽管如此，她毕业时的各科成绩仍然名列前茅，被一致推选留校任教。

毕业后，涂光晋在中国人民大学新闻系教书，一教就是26年。她获得了一位教师能获得的几乎所有荣誉，她主讲的《新闻评论》被评为北京市和国家精品课，她还读下了新闻学博士学位。

她的课入选了人大学生网站评选出的"人大最值得上的几门课"。"听涂老师的课是一种享受"——这是一位学生给她的评语。她挂在嘴上的话是："当农民就当个好农民，当工人就当个好工人，当老师就当个优秀老师。"

（雷嘉，《北京青年报》2008年11月5日）

这篇稿件可谓故事满满，细节满满，非常生动好看。记者通过采访中国人民大学教授涂光晋，看到了20世纪70年代恢复高考这一举措对于一个好学的年轻人命运所带来的巨大变化。无论做农民、做工人，还是做教师，涂光晋老师都认真对待，非常出色地诠释了自己的社会角色。那一个个鲜活的故事——国际名校毕业的父亲对她的影响、在西北农村干着繁重的体力活儿、高考前受工伤、北大同学里有好多后来的名人等，让人物不怕吃苦、心怀梦想、追求完美的个性——展现。

在风云诡谲的年代，平常人的命运只能随着时代的浪潮前行。恢复高考让数以万计的有志青年看到了生活中的一道光，并且追光而行。一般人的求学生涯不可能有涂光晋老师这样具有故事性，正是在社会大背景之下，个人的经历才跌宕起伏，一波三折，最终通过努力才拨云见日。

无论事件报道，还是人物报道，故事都是吸引人注意力的法宝。而那些有意思的、打动人心的故事的获取，大多通过面对面的采访和多渠道的资料收集才能实现。所以，作为小记者，一定不能怕吃苦，不能图省事，要想采访更到位、写出不同于别人的好作品，只有脚踏实地，进行更深入的探寻和更认真的思考。

当然，新闻报道中的讲故事和文学作品中的编故事不是一回事。文学作品如小说里的故事是作者编撰的，而新闻作品里的故事一定是真实的、准确的、具体的。通过故事，如果能看出事件的走向，看出人物的命运，无疑是一篇值得称道的好作品。

五、新闻的精巧构思

同样的选题，大家都采访报道，怎样才能写出新意呢？为什么有些记者被评价为"出色的记者"或者"特有能力的记者"？常常因为他们有比较精巧的构思，这是写好新闻的重要一点。小记者们从学新闻开始，就要有这种写出不同于一般作品的意识，日常也要多训练。我们来看下面这篇作品。

严金昌一家三代与中国改革第一村的故事

国际在线 2018 年 10 月 16 日电　临近晌午，安徽省凤阳县小岗村，婉转动人的凤阳花鼓萦绕不绝，引得往来的游客驻足。在"金昌食府"农家乐门前，严金昌老人笑呵呵地接待着客人。40 年前，严金昌和小岗村村民秘密按下实行包产到户的红手印，开启中国农村改革的序幕。他和这个小乡村的故事至今仍被传颂。

严金昌说："40年前，我们没的吃，没的穿，住的房子是泥巴垒的墙，上面盖的草，一下雨就漏。干一天活，才挣一毛几分钱，全年200斤粮，哪够吃？老百姓都外出去讨饭了。所以我们搞了大包干，就为了吃饱肚子。"

今年75岁的严金昌精神矍铄，思维清晰。1978年的一个冬夜，包括老严在内的小岗村十八位农户，被饥饿倒逼着变革，冒着风险在一张实行包产到户的契约书上按下手印。由此，农民以家庭为单位，向集体经济组织（主要是村、组）承包土地等生产资料和生产任务的家庭联产承包责任制，在中国农村全面推广开展，显示出巨大的生命力。8亿多农民的种粮积极性得到释放，中国粮食产量年年提高。作为包产到户带头人之一，老严见证了小岗村这40年的变化："2017年，小岗村人均收入达1万8千元。现在，村里人吃不愁，穿不愁，家家住上了小洋楼。村集体收入达820万元，小岗村民第一次参加村里分红。"

家庭联产承包责任制至今仍是中国农村实行的一项基本经济制度。但老严说，他和家人现在并不种地："我家土地全部流转了。（我和四儿子家共）7亩地，800元一亩（约0.5公顷土地，一年得5600元流转费）。我们主要搞产业，开饭店一年纯收入十几万。还有（村里企业）分红，每人350元。"

2017年，小岗村约1000公顷的耕地中，有六成以上流转给种粮大户或企业进行规模化种植。此外，小岗村4209位村民作为股东，还从村里的企业得到分红。

老严说，土地流转后一些农户有时间开农家乐饭店或到村里的企业上班了。他的五个儿子当中，有四个在村里开了饭店或超市。以老严名字命名的金昌食府是老严的四儿子开的。金昌食府的隔壁，是老严五儿子严德全夫妇开的饭店。严德全说："那边人多坐不下，我这边有空桌能坐下时，会安排客人到我这边吃。兄弟都这样，互相照顾嘛。总的来说还可以。一年收入10万元左右。"

1978年出生的严德全今年40岁，与小岗村实行的包产到户和中国改革开放同龄。在严德全的记忆中，与父亲和四个哥哥耕种土地能保证家里每年有足够的粮食吃，但一年辛苦到头没多少钱花。长大后严德全曾走出小岗村，到中国东部较发达的江苏省张家港市打工。但最终他还是选择回村子："农村人进厂感觉不习惯，工厂管制多，干了一段时间，我回来了。后来又到合肥学厨师手艺。开始我哥开饭店，我给他干。人口流量还可以，我就自己干了。自己开饭店当老板，能多挣点钱，自由。"

随着小岗村的发展，很多外出打工的小岗村村民像严家兄弟一样，纷纷从外地回来，开起了农家乐，或到村里的企业务工。近年来，小岗村相继开了十几家饭店。严德全夫妇的饭店是2013年开起来的，夫妇二人打理："小孩在家念书，我们不想出去打工了。挣钱也是为了下一辈，出去打工小孩就没人管了。我们这一代文化水平不高，下一代不能像我们这样，孩子起码得考个大学。"

严德全的妻子杨兴叶是位爽朗的农村妇女。从10公里外的村子嫁到小岗村，她对现在的生活很满意："周边别的村的姑娘都想嫁过来呢，小岗村比周边村子富裕一些，交通、绿化都好很多。比如，别的村没有通自来水，小岗村通了。我们村还有正规的公立学校，挺满足的。"

已是国家4A级旅游景区的小岗村正努力创建国家5A级景区。曾在安徽省会城市合肥上大学的老严的大孙子严连拴，三年前在父母的要求下放弃了他喜欢的城市生活，回到小岗村工作："那时回来就想在村里做点事。现在村里年轻人都外出了，在村里上班的都是年龄比较大的，自己回来想为村里注入点新活力，办点实事。"

出生于1991年的小严，回村后的工作并没有他预期的那样顺利。苦恼中的小严曾和爷爷聊起这件事："我回来，奔着去村委会做事。后来没去成，那段时间工作感觉没劲。跟爷爷聊天他跟我说，你现在在公司工作也是帮小岗村做事,有什么不开心的?聊一聊,心结解开了。爷爷在家是主心骨,我们有什么困惑会找他说。"

在小岗村游客服务中心工作的小严说,2017年村里接待了上百万游客,2018年游客更多。他工作的地方是游客认识小岗的第一站,他觉得自己的工作挺重要。

小严和村里的年轻人有个微信群,他们经常一起探讨小岗村的未来。在他心中,未来小岗村应该是这样的:"绿树成荫,像国外一个小镇,田地很整齐,大块大块的。(人们的)房屋建在一起居住。出行方便,在村里不用出去就能买到想买的东西。(村里是)一个大景点,包括了村民,每个人都有事情做。轻松生活,愉快赚钱。"

如小岗村的村民们一样,生活在中国数十万个村庄里的数亿农民,正在时代的洪流中抒写着新的故事。

(台林珍、李晋,国际在线2018年10月16日)

这是中国国际广播电台两位记者所写的一篇小通讯。稿件通过描写安徽凤阳小岗村村民严金昌一家三代的生活状况,透视改革开放40年发展给中国人带来的巨大变化。改革开放40年的新闻作品非常多,这篇作品的可贵之处就在于构思精巧,通过采写特殊人物家庭中的三代人,梳理出40年前后的巨大差别。

1978年,严金昌和多位村民秘密按下包产到户的红手印,成为典型历史事件中的代表人物之一。40年后,记者访问凤阳小岗村,选择了一个独特角度,那就是从严金昌一家的生活来看改革开放和普通大众的关系。

记者在写作时,先写严金昌。作为历史见证者,严金昌通过从前和如今的对比,表达了翻天覆地的生活改善。记者在文中还点明:当初他们冒着风险也要做的"家庭联产承包责任制",至今仍在施行。再写严金昌的儿子严德全。严金昌有五个儿子,选择写严德全,可能正好因为他出生于1978年,正是改革开放开启之年。同时,严德全开饭店搞经营,已经从农业转向第三产业，在当今中国农村具有一定的代表性。最后采写的是严金昌的孙子严连拴。作为 90 后的小严，读过大学，在长辈的要求下虽然回到小岗村，但显然有更活跃的思维和更远大的理想，他是新农村发展的希望。

整篇文章的采写角度特别，细节丰富，在全文多个细节中，可以感受到变化的中国农村以及变化的中国。改革开放初期先"吃螃蟹"的人和他的后代，在国家大好政策的支持推动下，不仅过上了美满的生活，也在憧憬和创造着更美好的未来。

第八章

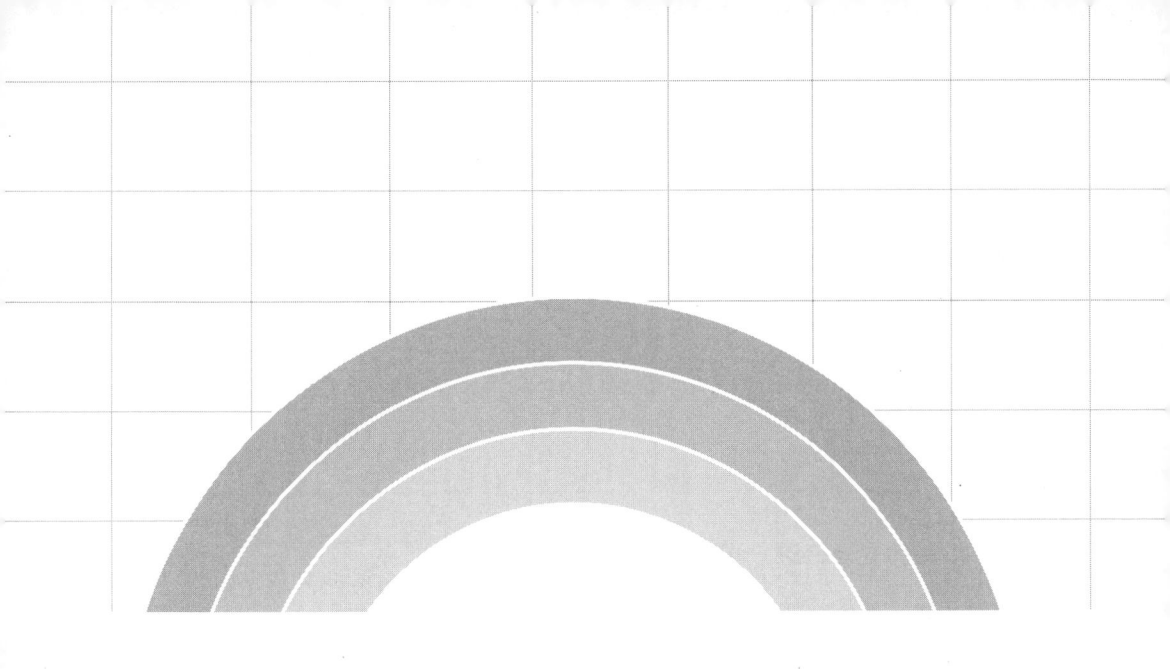

小记者怎样写通讯和评论

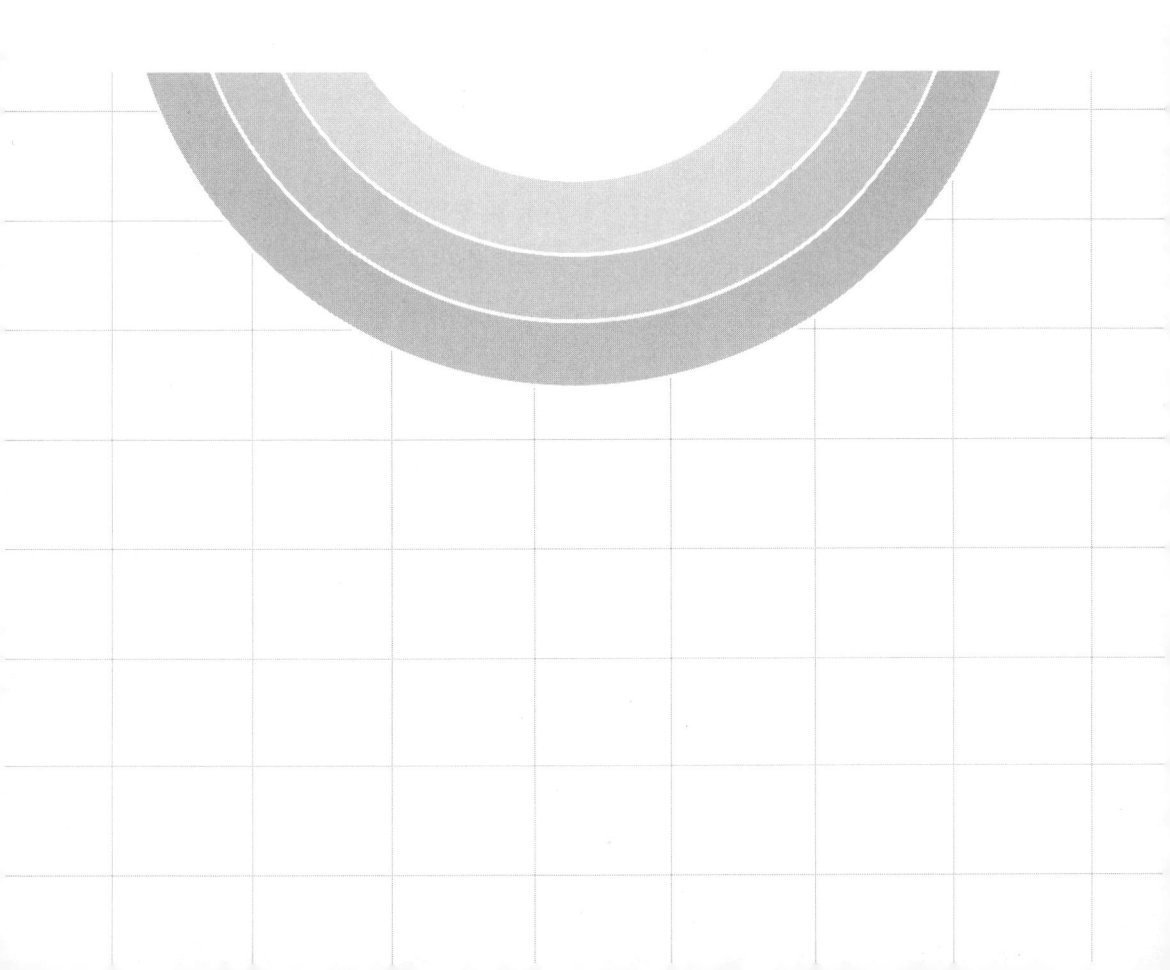

这一章我们讲一讲通讯的写作和评论的写作。通讯是重要的新闻体裁，应用广泛，有些教科书称之为"特稿"。如果说消息重在体现 5 个 W，那么通讯内容更加丰富和全面。

许多写作者喜欢写通讯，因为通讯相对消息而言，更能体现写作者的水平。

虽然和消息有所不同，但是一些基本的特点是不变的。首先，通讯也讲究时效性；其次，通讯的真实性必须遵从；最后，通讯需要体现新闻价值。通讯很多时候在挖掘消息的内在含义、剖析消息的深层意义。

评论的写作和消息也有共通之处。新闻评论也称为时事评论，即时评，所以时效当仁不让。一个新闻事件出现后，需要立即做出评论，有时候对评论员而言，需要"倚马可待"，也就是在极短的时间内写完评论。当然，除了速度快，评论最重要的是观点要新颖。有新的观点才可能是一篇优秀评论，人云亦云的评论只能是泛泛之作。而时评难的恰恰是提出新的观点，这往往需要评论员以大量的阅读和长期的积累做基础。

第一节　通讯是更有深度的新闻

通讯的种类较多，有事件通讯、人物通讯、工作通讯、风貌通讯等。这里我们只介绍事件通讯和人物通讯两类，这两类也是小记者们接触比较多的种类。

一、事件通讯

消息注重的是新闻事件的核心要素报道，有着严格的报道框架，着重于事件的最新动态。事件通讯就不只是关注核心要素，而是更注重事件的细节。如果说消息的报道是让人"知其然"，那么事件通讯的报道就是让人"知其所以然"。通过对细节的描述，事件通讯让人有身临其境之感，眼前仿佛可以看到或感知到事件发生的前前后后。

在细节中，可以看到事件的前因后果、逻辑关系。某种意义上讲，通讯是一种解释性新闻，它让新闻更翔实、更清晰，对新闻事件与周边环境的相互作用进行了详尽描述。所以，优秀的通讯一定是细节丰富的，也可以说是具有故事性的。能说出一个好故事的事件，是写出一篇优秀事件通讯的前提。好故事自然包含了重要性、独特性、冲突性、矛盾性这样的特点，此外，还可能有复杂性，甚至是对人类命运的关切。

除了细节和故事性，通讯其实要多关注的是人物。事件通讯也好，人物通讯也罢，人是最关键的。写作者通过对人物的行为动机、利益得失、命运沉浮的描述，让人感受到人物命运的变化和事件形态的变化，以及这种变化所造成的影响。

消息的写作是有局限性的，而通讯的写作则灵活很多，有着更自由的表达方式。消息重在表达准确，而通讯在准确的基础之上，还强调精彩。这对写作者自然提出了更高要求。同样对一个事件或人物的写作，可以是平面的、单向度的，也可以是立体的、多维度的；可以是呆板的，也可以是栩栩如生、扣人心弦、充满力量的。

（一）事件通讯开头的写作

通讯的开头非常重要，最好能让人在短短的几段之内被吸引住，否则，他们可能就不再有阅读下去的兴趣。有时候，开头的信息量很大，起到提纲挈领、直抵核心的作用。下面介绍几种较常见的开头写作方式。

1. 用引语做开头

"今年是我爸肝移植术后第 22 年，正是医生高超精湛的医术救了我爸爸，才会有了我！我的感激之情无以言表，我想和你们一样学医救人，让更多的病人能像我爸这样收获健康和幸福，就当是换个方式报答你们！" 6 月 28 日上午，江苏省人民医院（南京医科大学第一附属医院）肝胆中心迎来了肝移植术后 22 年的患者——钱先生，此次，钱先生特意带着妻女来院不为别的，就是要告诉让他重获新生的"救命恩人"，中国工程院院士、该院肝胆中心主任王学浩院士团队一个好消息：女儿高考 605 分，志愿从医，要报南京医科大学，开头的话便是钱先生女儿所说。

（《"换个方式报答你！"肝移植 22 年，他带着立志学医的女儿来谢恩》，光明网，2022 年 7 月 10 日）

用引语开头，已经将稿件的中心意思表达出来了。

2. 用代表性的情节做开头

只要是具有事件通讯代表性的情节，不论是感人的、悲伤的，还是客观的，能给人印象深刻的，都可以用来做开头。

第八章　小记者怎样写通讯和评论

　　京 B-85007 在 10 月 10 日下午 5 时 20 分停在北京市朝阳区和平西桥北侧 50 米处，在它的前后是看不到尽头的阻塞车龙和连绵不断的秋雨。在庆祝建城 850 周年这一年，北京堵塞了，一条条通衢大道上竟然寸步难行。在前方 15 米处有个快慢车道的连通口，从自行车道上挤过来的一辆丰田汽车把车头摆进来一点点，准备插进车龙。在它后面，想加塞儿的汽车排成一列。5 分钟后，京 B-85007 仍在原点。"车太多了。"司机崔钢林说。
　　202 万辆汽车使得北京这个 XXXL 号的城市极其拥挤，但车辆过多并不是它唯一的问题。
　　　　（《车陷紫禁城》，李海鹏，《南方周末》2003 年 10 月 16 日）

　　通讯分析了北京城堵车的原因，开头用了一辆车被堵得严严实实的情节，让受众一眼就看出城市交通问题。

　　3. 用事件的结果做开头
　　开头就将结果展现出来，后面正文再逐步展开对细节的描述。

　　元宵节，78 岁的失联老兵王琪时隔 54 年重新踏上故土。南方周末记者与其同机返乡，持续六天近距离记录他的归国路。
　　穿千层底、换绿军装、喝小米粥。22 岁时，王琪穿着母亲做的布鞋参军。24 岁时，他一身国防绿消失在喜马拉雅森林中。
　　"一颗红星头上戴，革命的红旗挂两边"。回到中国第二天，78 岁的王琪换上了他似曾相识的军装。
　　当年，24 岁的王琪同样一身绿，走进喜马拉雅山南麓的原始森林，从此杳无音信。
　　1969 年，王琪的五弟王宣即将入伍，接兵干部到家时，王琪母亲说，我有一个儿子参军到现在还没回来，怎么又要带走我一个儿子？王宣已穿上的军装被现场脱了下来。

"五叔对奶奶一直有怨言，为什么不让他当兵？"王琪的侄子王英军告诉南方周末记者。

其实，54年来，王琪无时无刻不盼着归国。

王琪当年穿的是55式军装，现在这一身65式军装，是临时找来的。

半个世纪的异国坎坷经历，在王琪的脸部留下沟壑，在腿部留下伤痕。此刻，老人更愿意平静地享受这珍贵的骨肉重逢。

(《54年老兵回家路》，姚忆江、郑宇钧，《南方周末》2017年2月16日)

一名老兵，当兵后消失在喜马拉雅山，时隔54年才重新回到家乡，这一事件具有独特性和戏剧性，所以是事件通讯的好题材。开头就展现了他回到了家乡，让人们看到一个好结果，接下来就是让大家了解在这漫长岁月里，老兵是如何度过的。

4. 以矛盾冲突作为开头

如果不是今年3月的一次偶然，罗彩霞也许永远不会知道5年前的真相：2004年高考后，她没有被任何高校录取，而冒名顶替她的同学王佳俊被贵州师范大学思想政治教育专业录取。命运由此发生转折，罗彩霞被迫复读一年后考取天津师范大学，2008年，王佳俊顺利毕业。而本应今年毕业的罗彩霞不得不面临因身份证被盗用而被取消教师资格证书等一系列问题。

"我不停地问自己，为什么他们选中了我？"5月4日下午，在天津师范大学校园，罗彩霞对中国青年报记者说，难道就是因为我们家没有什么社会背景，王佳俊的爸爸王峥嵘是当地官员？

媒体报道显示，王峥嵘2002年任湖南省邵阳市邵东县牛马司镇镇长，2004年8月，从牛马司镇党委书记的位置调任邵阳市隆回县公安局政委，2004年被评为"全省人民满意的公仆"。据媒体报道，王峥嵘曾涉及涟邵矿业集团牛马司实业有限公司原经理沈顺康（正处级）、邓检生（副处级）等人受贿窝案。检察机关查处的该案入选湖南 2007 年度十大反贪案排行榜。

（《公安局政委女儿冒名顶替上大学》，刘万永，《中国青年报》2009 年 5 月 5 日）

身份被他人使用，考上了大学却被成绩差的同学冒名顶替，这一事实一旦被揭露，激烈的矛盾冲突就展现在人们面前。所以，这样的开头是非常吸引人的。

（二）事件通讯正文的写作

正文是事件通讯最重要的内容，写法比较多样。通常是按照顺序、内在关系展开来描写。我们这里列举三种正文写作类型，分别是按时间顺序写、按逻辑关系写、按并列关系写。当然，有时候这几种类型在文中是穿插使用的，也有其他的写作方式。总体而言，这三种比较常见。

1. 按时间顺序写

整篇文章按照时间顺序逐步推进、徐徐铺陈，这种写作方式故事性和可读性都较强。

我们来看一看获得第 33 届中国新闻奖二等奖的作品《同行 1800 多公里，跟着货车司机跑长途》，这篇通讯由人民日报社记者乔栋撰写。

同行 1800 多公里，跟着货车司机跑长途

引 子

"出发！"踢踢轮胎，拍拍车门，围着白色东风牌半挂牵引车转了一圈，王勇平完成出车前的例行检查，招呼记者上车。

记者抬手看了一眼表，时间为 2021 年 12 月 18 日下午 3 点。这辆车牌号为"晋 LD8577"的货车，驶出山西临汾兴荣物流园，向着目的地广

东佛山启程。

"一车染料，加上货车自重，整车不到 50 吨，符合限载要求。"43 岁的王勇平供职于临汾经济技术开发区兴荣供应链有限公司车队，专跑山西到广东的货物运输。

长期以来，广大货车司机以车为家、与路为伴，奔波在物流运输一线。2021 年 11 月 3 日国务院新闻办举行的加强货车司机权益保障工作新闻发布会介绍，2020 年，全行业 1728 万名货车司机完成 74% 的全社会货运量和 31% 的周转量，为支撑经济社会发展、保障和改善民生做出重要贡献。

2020 年 11 月，习近平总书记在全国劳动模范和先进工作者表彰大会上指出，要适应新技术新业态新模式的迅猛发展，采取多种手段，维护好快递员、网约工、货车司机等就业群体的合法权益。

聚焦广大货车司机反映的停车休息难等"烦心事"、城市通行难等"操心事"、路面执法不规范等"揪心事"，2021 年 10 月，交通运输部等 16 个部门联合印发《关于加强货车司机权益保障工作的意见》，坚持远近结合、标本兼治、协同联动、综合治理，重点围绕推动严格规范公正文明执法、畅通货车司机投诉举报渠道、简化货车司机办事办证手续、优化调整货车禁限行政策、改善货车司机停车休息条件等 9 个方面，切实维护货车司机合法权益。

历时 46 小时，记者跟随王勇平驱车 1800 多公里，抵达南海之滨的佛山。一路同吃同住，感受着货车司机以车为家、与路为伴的辛勤奔波，以及多部门共同发力加强货车司机权益保障，让他们切实感受到关心关爱。

出行更安全

道路交通信息实时提示，超限超载严密监管，疲劳驾驶、安全驾驶等实时监控预警

2021 年 12 月 18 日下午 6 点多，货车沿济洛高速途经河南黄河小浪底风景区时，车内对讲机传出公司货运车队其他司机发来的提示："一辆货车

在驶经湖北黄石境内大广高速与沪渝高速花湖互通枢纽时发生侧翻事故，请提前绕行。"

"改走许广高速，避开事故路段。"王勇平随即调整行车路线，"公司给我们车队司机配备了蓝牙对讲耳机，可以实时获取道路信息，保障顺畅出行。"

"前些年，一些货车超载问题较突出，我就因为超载发生过一次交通事故，之后再不敢超载了。"近年来，王勇平亲身感到货运出行规范多了，"货运车辆出发前就要过磅，载重数据直接传送到交管部门，在省界、县界国道的治超站以及高速公路入口的治超点，又需过一遍磅，超限超载车辆上不了高速。"

不一会儿，天已黑透，对面车灯在高速公路隔离护栏上方形成淡淡的光带。"前面就是洛阳孟津服务区，咱们休息一会儿。"王勇平指了指车内安装的北斗监测仪，"超过4小时属于疲劳驾驶，过会儿它就要报警了。"

车停孟津服务区休整时，从业21年的王勇平打开了话匣子："刚跑货运那几年，车里冬天冷、夏天热，一天下来海绵坐垫硬得像块石头。现在车里有空调，还有简易的热水装置。"

"如今不仅行车条件比过去好多了，行车记录也更加全面。"王勇平向记者逐一展示，车辆驾驶舱仪表盘右侧安装了监控设备，车头、车尾、车身两侧还安装了5G数字车辆视频监控主动安全预警系统。"2016年春天，我在货运途中与一辆小轿车发生剐蹭，当时说不清是谁的责任。现在有了更加全面的行车记录，类似的问题就容易解决了。"

车辆安全行驶监测也在同步跟进。休整后我们驶离孟津服务区，没多久便听到货车"喘起了粗气"，发动机发出的轰鸣声沉闷有杂音。经验老到的王勇平很快意识到："可能是货车涡轮增压发动机出现漏气。"

低速行驶一段时间后，货车在路边停车区域停靠，记者在距车辆150米开外的地方设置了警示标识，王勇平打开货车前机盖，拿着手电筒检查相关部件。"果然是涡轮增压发动机的问题。掉了一个栓，造成涡轮增压发动机排气不畅，480马力的发动机白白少了80马力，成了小马拉大车。"他拿出车内的修理工具箱，很快处理好了故障。

修车的工夫，王勇平接到来自河南省公安厅高速公路交通警察总队的电话："我们监测到您的车辆尾气排放过高，长时间低速行驶，请尽快驶离高速。如需救援，请拨打'12328'交通运输服务监督电话……"

王勇平告诉记者，车内北斗GPS双模车载终端可以实时分析发动机运行数据，评估车辆行驶状态，并将监测到的故障信息实时反馈到交管部门后台。"现在路面执法更有力度、更有温度。"他说。

在国务院新闻办2021年11月3日举行的加强货车司机权益保障工作新闻发布会上，交通运输部运输服务司司长、新闻发言人蔡团结介绍，坚持"生命至上、安全第一"，贯彻以人民为中心的发展思想，交通运输部门积极会同有关部门紧盯货车事故暴露出的主要问题，有针对性地采取了提升货运驾驶员的应急处置能力和车辆安全性能、加强对货车司机动态驾驶行为的监控等措施，全面提升安全发展水平。

据新闻发布会信息，近年来相关部门加大了对超限超载、非法改装、疲劳驾驶等严重交通违法行为的集中整治和查纠力度，货车的违法行为得到一定遏制。2020年，因货车肇事导致的交通事故死亡人数同比减少了近1000人。

停车更便利

公路服务区货车停车位多了，"司机之家"建设持续推进，着力让货车司机"有地停""放心停""舒心停"

12月18日晚11点，车辆驶入河南平顶山西高速服务区。一辆辆货车按地面标注的大车车位引导线有序停放。

"该休息了。"王勇平保持着良好的职业习惯，"晚上11点多休息，早上8点跑车，保证充足的睡眠时间。"

"过去，到了晚上，服务区里水泄不通，停车难、休息难是常事。"常年在货运途中,这些年的变化王勇平看在眼里,"这一路,不少地方新建、扩建了停车位,大的服务区能停上百辆货车,一些服务区还划定了停车引导线,停车秩序比过去好了很多。"

停车休息难曾是货车司机反映比较集中的问题。《关于加强货车司机权益保障工作的意见》提出"改善货车司机停车休息条件",要求"适度增加货车停车位数量""加快推进'司机之家'建设,为货车司机停车、休息、就餐、洗漱、淋浴、如厕等提供便利"。

出发前,山西省运输事业发展中心副主任肖为民向记者介绍,针对公路服务区停车难的问题,近年来山西持续挖潜,科学调整客货车位比例,改扩建停车位,有效增加货车停车位供给,同时积极推进建设一批功能实用、经济实惠、舒适便捷的"司机之家"。"不仅保障货车'有地停',还要让货车司机'放心停''舒心停'。"肖为民说。

12月18日下午,途经山西襄汾西服务区时,记者走进这里的"司机之家"。只见100多平方米的公共区域内,设置了打水间和两个独立的洗澡间,并放置有床铺、洗衣机等。"我们免费提供服务,让司机师傅来到这里可以睡个好觉、喝口热水、洗个热水澡。"服务区"司机之家"负责人许顺喜说。

"司机之家"给广大货车司机带来家的温暖。常年吃住在车上,王勇平过去头疼的就是洗澡、洗衣不方便,"别看这小小的'司机之家',可帮我们解决了大问题。"

11月3日的新闻发布会介绍,全国高速公路服务区和停车区已设置近23万个货车停车位。同时,交通运输部连续4年将"司机之家"建设列为民生实事,会同全国总工会在全国推进建设"司机之家"700余个,为货车司机提供休息、淋浴、洗衣、热水等服务。

12月18日当晚,记者和王勇平在平顶山西高速服务区留宿,"宿舍"就是货车驾驶舱后排——如同火车卧铺车厢一样的上下铺。王勇平想让记者睡稍微宽敞一些的下铺。"您早起还要跑车,休息好了更重要。"见记者

165

婉拒，他又帮着整理好上铺的被褥，"车里很安全，踏实睡！"

刚熄火的车内，温度如常。王勇平感慨道，过去想要睡个安稳觉可不容易。多年前的一天夜里，王勇平在一个服务区停车场留宿，半夜感到不对劲：一辆摩托车在货车附近来回转悠，迷迷糊糊中听到油箱盖"叭"的一声被打开，抬头看了一眼后视镜，只见抽油软管已经塞进了货车油箱。他立即翻身来到前排驾驶室，迅速打开货车大灯，这才驱离了偷油的人。

"过去，我们晚上睡不踏实，怕有人偷油、偷货。一般货车油箱最多可装 800 升柴油，值 5000 多元。"王勇平说，"现在，服务区周边安装了停车监控，还有专人负责巡查巡逻。"

据 11 月 3 日新闻发布会介绍，保障服务区车、货停放安全，让货车司机放心停车，不少地方都在探索。比如，甘肃省交通运输部门面向货车司机推出了"车货无忧"公众责任保险，保费全部由交通运输部门承担，货车司机一旦在甘肃的联网收费高速公路服务区发生财物被盗，由保险公司赔偿。"我们将在总结甘肃经验的基础上，指导地方结合当地实际有序推广，给货车司机提供更多、更安全的服务保障。"蔡团结表示。

办事更便捷

车辆跨省异地检验、"三检合一"改革落地见效，服务监督电话确保"打得通""问不倒""办得好"

12 月 19 日上午 8 点，新一天的行程开始了。

过舞钢、走泌阳，穿过伏牛山，由河南进入湖北随州境内，道路两边的灌木由黄变绿，人的心情也随之轻快许多。路过随州均川服务区时，王勇平回忆起 2020 年初他和司机朋友在这里过元宵节时的情形。

"那年正月初三，湖北正在抗击新冠疫情，我从临汾运送捐赠物资到武汉。之后一个多月里，我加入湖北当地组织的货车志愿服务队，奔波湖北各地运送抗疫物资。"王勇平说，"元宵节就是在这个服务区过的。那天晚上，我和几名来自不同省份的司机朋友拿出家乡特产，一起分享品尝。"

"长时间在外，倘若赶上车辆年检年审怎么办？"记者问。

王勇平笑着摆摆手："我就吃过这方面的亏。"

2017年2月，王勇平跑了一趟到江西的货运长途，行至河南境内时，才想起到了车辆年审的时间。"折回去吧，好几百公里路白跑了，我想还是跑完这趟长途再说。结果刚进江西，就碰到交警查车，被扣了6分，还被罚款，那趟长途算是白跑了。"王勇平说。

2018年5月，国务院常务会议对进一步降低实体经济物流成本作出部署，明确提出"实现货车年审、年检和尾气排放检验'三检合一'""对货运车辆推行跨省异地检验"等一系列措施。当年9月1日起，小型汽车、货车和中型客车跨省异地检验全面推行，申请人可以直接在机动车登记地以外的省份检验，申领检验合格标志，无需办理委托检验手续。同时，交通运输部会同公安部、市场监管总局、生态环境部等全力推动"三检合一"改革落地见效。

"过去，车辆尾气排放检验在一个地方，车辆年审、年检又各在一个地方，全跑下来，得3天时间。现在可以异地办理，而且只需进一个门、上一次检测线，一个上午就能办完。"王勇平说。

据11月3日新闻发布会介绍，31个省份和新疆生产建设兵团全部实现了货车"三检合一"和检测数据的跨省互联，累计向部级系统上传检测信息2300余万辆次，累计检测车辆1100余万辆，占营运货车总数的98%。

一路行驶至湖南衡阳斜坡堰服务区，天色已暗，王勇平拿出锅，连上车载电源，将大米倒进锅里，"现在焖上，到下个服务区就能吃，今晚我们做蛋炒饭。"

40分钟后，驶入下一个服务区。车刚停下，便有人来敲车门，说道："为防止有人偷油偷货，交20元，我们帮忙看车。"王勇平冲车外摆摆手，升起了车窗。

"对这种不合规的行为，能不能举报？"记者问。

"4年前,我在路上碰到件别的事儿,打过投诉电话,没用。"王勇平说。

"再试试呢?"

"那就再试试。"说话间,王勇平拨通"12328"交通运输服务监督电话,反映了情况。

打完电话,继续赶路。刚驶离服务区不久,车载蓝牙电话响起,一接,对方是这个服务区的负责人:"对于您在我们服务区遇到的问题,我非常抱歉,一定查明情况,及时向您反馈,并在今后加强人员管理,杜绝类似情况发生。"

当晚11点,我们抵达湖南常宁服务区,电话再次响起。这次是湖南省公安厅交通警察总队交通安全综合服务管理平台的工作人员打来电话:"请问您对我们的处理结果满意吗,还有什么建议?"

通完电话,王勇平擦擦手,拿出几枚鸡蛋,放在炒锅边沿磕开,再把焖好的米饭倒进炒锅。"刺啦"一声,蛋炒饭的热气和香味升腾起来。"确实不一样了。过去投诉有时不见回音,现在是'有问必答'。"王勇平说。

"为了更好倾听货车司机心声,有效解决货车司机的利益诉求,我们强化'12328'交通运输服务监督电话的作用,进一步畅通投诉举报渠道,提升服务的监督质量,切实维护好广大货车司机的合法权益。"蔡团结在11月3日新闻发布会上表示,确保电话"打得通""问不倒""办得好","12328"总体运行顺畅。2021年前三季度,全国"12328"热线信息咨询类即时答复率达98.7%,限时办结率达96.8%,回访满意率达97.6%,电话运行的服务质量和群众满意度稳步提高。

利益更有保障

持续加强货运互联网平台监管,提升物流运输行业组织化程度,推进货车司机参加社会保险

12月20日上午,从厦蓉高速公路转到二广高速公路,我们从湖南永州蓝山县进入广东清远连州市境内。一路上,山脉连绵逶迤,时而可见山

谷间云雾缭绕,高速公路两旁的绿植也更加茂密。

"你们那儿是不是有一车货要运往山西,运费怎么算?"在服务区休息时,王勇平滑动手机屏幕,开始在货运互联网平台寻找返程货运订单。有价格合适的,便打电话询问。

记者在服务区和一些货车司机交流得知,他们中的不少人都使用货运互联网平台找货运订单。山西省交通运输厅相关调研数据显示:山西籍使用过货运互联网平台的货车司机占比达 76.49%,其中经常使用的占比为 47.97%,主要用于寻找回程货源的占比为 19.35%。

"我最早跑货运的时候,找货源用的是公用电话,翻开电话本,挨家挨户地问。现在打开手机应用程序,输入出发地、目的地,周边的推送信息就来了。"王勇平说,找货比过去方便了,但也有苦恼,"有的平台诱导货主不合理压价、司机低价竞争。"

"据不完全统计,现在有七成的货运司机使用货运平台实现找货相关的服务。"蔡团结在 11 月 3 日新闻发布会上表示,货运平台在促进物流资源集约整合、带动物流降本增效的同时,也存在压价竞争、损害司机合法权益、扰乱行业公平竞争市场秩序的问题。

对此,交通运输部会同相关部门,以交通运输新业态协同监管部际联席会议的名义约谈典型的货运平台企业,要求其不得诱导货主不合理压价,不得诱导司机低价竞争、超时劳动。"下一步,我们将坚持监管规范和促进发展并重,更好地统筹发展和安全,明确规则、划清底线、加强监管、规范秩序,促进互联网道路货运平台健康、规范、有序发展。"蔡团结说。

"走哪了?吃的啥?返程订单找好了吗?"一路上,兴荣供应链有限公司董事长吉兴荣和王勇平通了好几次电话。"他是我们的老大哥,从出行安全到车辆检修,平日里没少叮嘱。"王勇平直言很暖心,"按临汾市的相关要求,公司还要给我们车队的司机购买社会保险。过去挂靠公司的车辆多,司机的养老保险都是自己缴纳。"

"市里还成立了物流（联盟）协会，我们公司是牵头单位之一。前段时间，有个同行要不回运费，协会发函协调，帮他要回了辛苦钱。"王勇平说。

"过去散车多、专业运输车队少，导致货运行业低价竞争激烈。"山西省运输事业发展中心货运物流部主任王仁豪说，"我们探索提升物流运输行业组织化程度，提高货车司机议价能力，保障司机货运收入。"

多措并举，改变正在发生。"返程订单在货运平台找到了，运一车家具回临汾，运费 1.1 万元。"王勇平高兴地和记者算了笔账：这趟货运长途单程 1800 多公里，来时运费 1.37 万元，路上油费约 5000 元、过路费 4000 元，扣除吃饭、轮胎磨损等费用，能挣约 3500 元。返程订单过去多是保本接活儿，这次能挣 1000 元左右。

12 月 20 日下午 1 点，货车抵达终点——广东佛山市南海区狮岭村桂兴围工业区。"月收入 5000 到 8000 元，好的时候上万元。沿途道路环境、配套服务也比过去好很多，虽然跑长途辛苦，但钱赚得踏实又舒心！"倒车进入仓库，王勇平长长地伸了个懒腰，脸上露出笑容。

（乔栋，《人民日报》2022 年 2 月 7 日）

稿件完全是按照货车从山西临汾一路向南到广东佛山的时间顺序写，记者乔栋通过与货车司机王勇平的对话，详细描写了司机一路上可能遇到的停车休息难等"烦心事"、城市通行难等"操心事"、路面执法不规范等"揪心事"，以及如今这些事得到的极大改善。因为全文按时间线开展对话的方式写作，显得生动自然，文章的可读性和代入感很强。

按时间线来写作，虽然是单线结构的写作方式，但脉络清晰、有条不紊、一目了然，受众阅读起来比较轻松。有时候按时间线采写的报道主题重大，文中会有许多内容需要作者对于国家大政方针掌握得很到位，只有政治过硬，才能写出有深度的力作。一些文学笔法，如描述和议论，运用恰当会为文章增色。

2. 按逻辑关系写

有的通讯在写作过程中，并不完全是按照时间线，而是按照事件发展的逻辑线展开。文中部分内容是按照时间来写的，但另一部分内容不按时间写，而是按照因果关系、补充说明等方式进行叙述，目的在于通过这样的写作手法来揭示事件深意、反映现实问题，以图找到解决问题的办法。我们来看一下获得第三十三届中国新闻奖二等奖的作品《不能说的优秀》。

不能说的优秀

12月5日上午10点，南京市孝陵卫初级中学的升旗仪式正在举行。校长冯静在国旗下讲话，突然，一个孩子蹿上主席台又蹦又跳，随后跑向教学楼。

只愣了一秒，冯静就回过神来：一个"特需儿童"！体育老师追出去安抚孩子，她继续讲话。

冯静之所以如此淡定，是因为在这所九年一贯制学校，像这样的特需儿童有24个，她早就"见怪不怪"了。

让特需儿童在普通学校随班就读的这种"融合教育"，南京在江苏乃至全国都走在前列。迄今，全市约有一半特需儿童都在普通学校接受融合教育。

然而，面对这样一份优秀的成绩单，更多校长在提及时顾虑重重，宁愿"只做不说"。

特需儿童家长的执着：
"即便陪读，也要把孩子送到普通学校！"

在主席台上又蹦又跳的那个孩子叫佟亚希，一年级新生，患有自闭症。初冬的操场上，阳光从教学楼顶倾泻而下，格外明媚。正值大课间，孩子们三五成群地追逐、打闹。

"那就是佟亚希。"顺着佟亚希外婆的手势，只见一个白白的小女孩沿着台阶跳来跳去，"不仔细看，她和一般孩子无异。就是不和人交流。如果主动和她说话，她也会搭理。"

外婆是陪读，座位就在佟亚希的后一排。

"来，大家举起小手，跟我一起试着写一写这个'是'字！"听到老师的要求，佟亚希没有反应，外婆赶紧抓起她的小手，认认真真跟着老师一笔一画写起来。

"佟亚希，你来写一遍可以吗？"老师轻声细语。

"你可以的，试试看。"外婆也帮忙鼓励。佟亚希伸出手，慢慢跟着老师又写了一遍。"写得很好，有进步！"老师表扬道。

佟亚希从小由外婆带大，两岁多了才会说话。康复训练、游泳课、出门旅游见世面，都是外婆操持。

"康复训练时，周围的孩子也都是自闭症，这不行，相互间没有交流。没有外部环境的不断刺激，自闭小孩的社交能力就不会有进步。要上学了，必须和普通孩子在一起，我就四处打听。"外婆说，南京不少学校做得不错，但信息不多。南京的特需儿童家长建了好几个"家长互助群"，里面有很多分享，经过比较、考察，她把家搬到了这所学校旁边。

二年级学生邱新的妈妈也在"家长互助群"里。她昵称患有自闭症的儿子为"渣娃"。"渣娃"7岁时才有两三岁孩子的社交能力，还有暴力倾向，在学校里动不动就在地上打滚，有时候还打同学。

"我不知道向多少个孩子、家长道了歉。儿子这样影响课堂秩序，危及他人安全，像颗'定时炸弹'。"在遭遇其他家长的"集体声讨"后，邱新妈妈没有从学校撤退，她申请了陪读，以便在儿子发作时及时控制局面。"不管怎么样，我始终坚持要让孩子在普通学校就读，我不希望孩子进入特殊学校接受那种'隔离'式的分类教育。"她说。

冯静说，特需儿童家长都有自己的想法，总希望孩子不被"贴标签"，能进入一所普通学校，学会如何与同伴交往，怎样和老师沟通、交流，未来能更好地回归社会。

"这样的想法和融合教育的理念是一致的，也体现了社会的进步，这也是近年来越来越多特需儿童在普通学校接受融合教育的重要原因。"冯静说。

普通学生家长和任课老师的顾虑：
"其他孩子的安全，谁来保障？"

学校顾虑重重，宁愿"只做不说"的背后，原因是什么？

鼓楼区一所小学，一名患有自闭症的男孩时不时地打同学，因为下手不轻，家长们多次找到学校，联名写信要求将这名特需儿童转走。

男孩同学的家长坦言，他们知道特需儿童也有受教育的权利，但是一旦自己孩子的安全得不到保障、正常的教育受到影响，就无法淡定，矛盾不断。"因为这个特需儿童，老师上课经常要拿出时间来维持秩序，正常的课都讲不完。孩子在学校，说不定哪天就被这个男孩给打了，连为什么被打都不知道。"这位家长说。

普通孩子家长的反对声是摆在校长面前的现实问题。但是这样的要求，学校无法满足。"义务教育法保护每位学龄儿童受教育的权利，如果特需儿童家长不愿意转走，作为学区学校，就不能拒绝其入学。"一名不愿透露姓名的校长说，"我们只能安抚好普通学生家长，让老师尽最大可能维持好课堂秩序，同时要求特需儿童家长陪读。"

对于校长，更现实的问题，还有生源、师资缺口以及老师的压力。

孝陵卫初级中学在校生720多人，登记在册的有明确诊断的特需儿童24人，其中智力障碍11人、多动症儿童13人、自闭症儿童2人、视力障碍1人。有的孩子是多重障碍。

在我国，特需儿童的比例在10‰，该校的数据已远远超过正常比例。

"特需儿童多了，势必影响学区生的入学。"冯静前段时间派人摸了情况，2023年学区内入学新生有49人，而愿意来的估计不到一半。

从2019年到2022年，冯静陆续送了10名老师参加融合教育培训，包括她自己也拿到了资源教师的持证上岗证书。

"然而，按照小学每5个特需儿童配一名专职资源教师的要求，差距还比较大。我们这些老师都是兼职，既要保证一般学科教学任务，还要承担特需儿童个别化辅导的工作，工作强度大。"冯静说。

秦淮区的一名女老师曾被班上的多动症男孩用水杯砸伤。她说："男孩课上经常下位，有时候还大喊大叫。那天他下位影响其他同学，我就牵着他的手，让他回座位。他不愿意，拿起水杯就往我的头上砸了过来。因为这一个孩子，我整天都要为其他孩子和老师的安全提心吊胆，精神压力太大。"

校长和教育界人士的期盼：

"政策支持、观念引导，让融合教育既能做得好，还能毫无顾忌地说出来！"

虽然身边有些普通孩子家长会因为班上的特需儿童而焦虑，但在孝陵卫初级中学小学部五年级学生家长冯芳看来，在与特需儿童相处的过程中，普通孩子也能从中受益。

"女儿班上有一个多动症的孩子，经常在课上随便讲话，老师总是轻声细语跟她讲道理。一开始，女儿有点不能接受，认为老师总惯着她。后来，当她得知这个孩子的特殊情况后，她非常理解老师。有一次这个孩子踩坏了女儿的笔，女儿忍着没有发脾气，觉得应该包容她。"冯芳说，老师们关注困难群体的理念，虽然不会常常挂在嘴上，但这种接纳、尊重、理解的态度，潜移默化影响着孩子们。

"融合教育是当前国际特殊教育发展的主流趋势。对特需儿童和普通儿童来说是'双赢'的教育模式。"南京特殊教育师范学院研究融合教育的王培峰教授说，人们常把残障看作一种生理性缺陷，认为它是残障人士相对于健全人的能力缺乏与功能限制。但残障人士所遭遇的困难有时不是残障导致的，而是和不健康的社会态度有关。"融合教育不仅能让特需儿童受益，对于健全的孩子，更是一种最好的生命教育和尊重教育。普通孩子在和特需儿童相处的过程中，认识到生命有着不同的状态，会懂得谦让，更有爱心。"

今年1月，国务院办公厅转发教育部等部门制定的《"十四五"特殊教育发展提升行动计划》指出，要将融合教育全面推进。《南京市"十四五"特殊教育发展提升行动计划》也即将出台。

"《行动计划》会给予融合教育更多政策支持，比如，在新生入学时，组织教育、医疗、心理等专家对学生进行综合性教育评估，针对特需儿童实际给出分类就读建议。"市教育局相关负责人说，还会从特教师资的培养培训、编制配备、津贴补助、职称晋升等方面加强专业化建设。

2011年，冯静被调到孝陵卫初级中学当校长时，她期待的是，学校周围的大路修起来，旁边高档小区赶紧盖起来，学校的生源慢慢好起来，但实际情况是，学校的生源严重不足。随着这几年学校慢慢把融合教育做出了成绩，在省里、市里拿了不少奖，老师们的心里还是甜的。

冯静说："如果哪一天，普通孩子的家长也认可我们，我们可以毫无顾忌地向社会上说起自己的融合教育，就更开心了！"

（文中特需儿童均为化名）

（谈洁、钱红艳，《南京日报》2022年12月30日）

这篇通讯总体而言是按照事件的逻辑顺序写的。文章所聚焦的是融合教育这样一个较为小众的话题。从一个特需儿童的案例着手，正文分别从特需儿童的家长、普通学生家长和任课教师、学校校长和教育界人士等多个角度写了社会各界为融合教育做出的努力，彰显了文明、包容的教育理念，引发社会的反思。

3. 按并列关系写

有的通讯由于要阐述的方面比较多，所以会分几大板块来写，这几大板块往往是一种并列关系，当然，也有在并列的同时暗含一种递进关系。在开启这样的写作方式时，写作者可以先给自己设计几个稿件要回答的问题，然后按照问题一个一个地进行采访、回答。

首都中小学生诗词教育有了新样态
校园诗意浓　声声入心田

清明小长假，"背诗词免景点门票"引发热议，网友们纷纷感慨真切感受到知识就是力量。人间四月天，正是读诗时。最近，首都中小学校园里掀起了学习诗词的热潮，各学校纷纷举办校园诗会、诗词大赛等。古诗词是中华优秀传统文化的有机组成部分，语文新课标再次强调了古诗文的重要性，诗词教育的重要性不言而喻，如何让古诗与孩子们更加"零距离"？如何让诗词学习入脑入心？

读诗词
让经典扎根孩子心中

在"世界读书日"即将来临之际，第二届中小学"从经典诵读到语文朗读"教育教学经验交流大会在清华附中永丰学校举办，诸多名师专家共话经典诵读，探索诵读朗读助力课堂教学的新途径。清华附中永丰学校就是典型校之一，学校编写了专门的校本诵读教材，小学有"清风雅韵古诗文诵读系列丛书"，初高中有《论语专题合集》《世说新语选读精讲》；定期邀请诵读专家进校园，建立了朗诵社团，将语文与音乐、舞蹈等艺术形式相结合，传承礼乐精神与诗教文化；每年还会举办诗文朗诵实践活动，让每位学生都能参与其中。"我们期望这样的经典诵读和语文朗读，如清源活流，源源不断地滋养学生的心灵，永携书香。"清华附中永丰学校小学部主管校长巩晓妍说。

北京市海淀区羊坊店第四小学曾做过诵读的试点调研，发现参与经典诵读的孩子们记得更快、记得更牢。于是，学校将诵读从两个班扩到四个班，从四个班扩到全校所有班级。通过诵读，让学生与重要节日形成联系，学以致用。"如果说诵读是一颗火种，星星之火可以燎原。它点燃的是学生诵读的兴趣、年轻教师的活力、老教师们的情怀……"羊坊店四小校长王艳说。

首都师范大学附属房山学校语文特级教师、正高级教师周生利认为，让学生爱上古诗文，要做到课上课下齐发力。"尤其对高年级而言，需要重视诵读，走进诗歌意境，当学生能读懂古诗、能够自主读诗、自主感悟的时候，学生就爱上了古诗。"

"诵读和朗读能撬动语文课堂的改变。一篇篇经典通过诵读朗读的方式扎根在孩子心里，发芽生长枝繁叶茂，就是把中华文化的根脉扎在了孩子们的心里。"首都师范大学副教授、诵读教学研究专家李文华说。

品诗词
古诗词与学生的生活更近了

古诗词学习的一大"痛点"是与学生的生活有距离，不少学生还存在死记硬背的情况。所以，学会诗词品鉴也很重要。

"教学中，教师要不断激发学生的想象能力，让学生脑海中出现画面，这有助于学生领悟古诗内容，加深情感体验。教师可以让学生结合插图想象画面，可以在教学过程中抓住关键字词，引导学生品味语言，想象画面。"北京市海淀区中关村第一小学副校长、特级教师张海宏建议。

他建议，教学中要引导学生有意识地组合古诗，联结古诗。可以同一主题"联"，还可以相似内容"联"，相同意象"联"、同一作者"联"、相同类别"联"……"在联诗过程中，教师逐渐成为课程的开发者，由一首诗带出一组诗，由一组诗带出一类诗，进而走向一种文化意象。学生的关联性思维能力也得到了不断提升，一举多得。"张海宏说。

目前，举办诗会、诗词大赛等已经成为许多学校的常态，学生们通过诵读、演绎、写诗等多种方式"品"诗词。通州区小学生诗词大会已经举办了四届，在运河少年爱诗读诗的背后，有一本小小"口袋书"发挥着大作用。2015年，通州区关工委依据中小学课本编印了《诗意通州》青少年诗词读本，内容涵盖从小学到初中的古诗词。2022年，教材改编之后，通州区又重新编印了《诗韵通州》。一本小小"口袋书"，成为学生们的诗词"掌中宝"，学生可以随时随地品鉴古诗，走进诗词世界。

融诗词

跨学科学习　走进诗词世界

古诗学习也应该强调"读以致用"。古诗的学习只有和学生的生活关联起来，学生才能真正感受到其价值所在。跨学科学习便是一个重要方式。

在今年的诗歌节活动中，海淀区中关村第一小学以"诗词中的中国"为主题，开展一系列跨学科综合实践活动。融诗歌节、书画节、艺术节于一体，引导学生读诗、诵诗、解诗、书诗、唱诗、演诗……调动学生多种感官参与其中，融为一体，让学生在跨学科学习中走进诗词海洋。"'诗无达诂'，在古诗的学习过程中，教师引导学生充分发挥自主能动性，读出自己的理解、用出自己的精彩、融出自己的个性，做中华优秀传统文化的传承者。"张海宏说。

清华附中永丰学校也积极探索借助学科融合加强诗词教育。在学校元旦晚会上，语文老师联合历史老师、音乐老师讲授《江城子·密州出猎》。这节课力图以"狂"为主线，以"诵读"为任务驱动，按照"文本解读—深剖原因—演绎呈现"的顺序，逐层深入，最后又深入浅出，在诵读作品中完成了学生与作品的精神对话。"在这节课上，语文学科呈现了诗词文学之感性，历史学科呈现了史料分析之理性，音乐学科则通过鼓声铿锵，让多种体验融进了学生的内心。"巩晓妍说道。

用诗词

学以致用　功夫在诗外

通州区有一个"运河上的东方唱诗班",这便是通州区东方小学东方诗词社。诗社每学期举办一次诗词大赛,开展节气诗词生本活动,通过以诗配画、诗词书法、诗词赏析、诗词文创等活动,学生们在"用"诗词中,更加热爱诗词。

伴随北京城市副中心"运河少年行"育人工程的启动,东方诗词社以区级活动为契机,启动运河少年行方案,制作相应剧集的诗乐视频,唱响运河上的诗词雅韵。还推举出"诗词小讲师",为同学们讲解诗词知识,带动更多小伙伴学习诗词、爱上诗词。"通过多种形式的诗词活动,实现诗词浸润,学生于无形中感受了传统文化魅力、增强了文化自信。"东方小学德育副校长米莹说。

每年3月21日是联合国教科文组织的"世界诗歌日",首都师范大学附属中学实验学校日前开展了系列"世界儿童诗歌日"主题活动。在诗歌朗诵赛、经典诗文赏析阅读之外,同学们还以"手写诗歌,重温经典"为主题进行诗歌小创作。小学部学生将班徽做成了诗配画,在诗情画意间感受诗词文化的深刻内涵。

"时常能够被用到的语言就是有活力的语言,古诗的活力就在于它能够准确表达人们不同时刻的情感。学生在生活中能出口成诗,那是学生语文素养的最直接的体现。"周生利说。对此,他建议,家庭中也要营造学习古诗的氛围。家长要经常积累诗、运用诗,还可以开展小活动,比如,开展小型家庭诗词大赛,组织家庭成员一同参与,在活泼祥和的氛围中,实现对古诗的学习和积累。

马上就访——

让学生与古诗词"遇"而又"见"

张晓玉(北京市海淀区教科院课程中心科研员、高级教师):古典诗词是中华优秀传统文化的重要组成部分，学习古诗词对青少年学生的生命成长具有重要的价值和意义，影响和提升着中小学生的品格和气质。

当前学校的古诗词教学仍然存在重知识传授、轻精神陶冶，重分析讲解、轻诵读赏析，重应试技巧、轻切身体悟的现实问题，由此产生的结果就是学生与古诗词"遇"而不"见"。如何才能让古诗词在学生心里真正留下印迹呢？

第一，教师要按诵读、想象、联想、表达、体悟的顺序来组织教学。教师可以通过多样化的诵读引导学生进入诗境，通过想象将诗句中的景物图像化、可视化，通过联想对接之前学过的诗词，通过表达引导学生进行创意描述和转述，通过链接体悟引导学生深入探究诗歌意旨，实现对自我生命的反思和体悟。

第二，教师以意象、意境、典故为抓手，引导学生领悟诗词意蕴。古典诗词中有很多常用的文学意象和典故，这些都是理解古典诗词的密码。解开了这些密码，对诗词的理解和诗词意蕴的领悟就会更加深入。

第三，教师可以通过"以诗会人""知人论世"，链接学生的生命体验。诗词抒写的都是诗人的性情。"以诗会人"，是通过理解诗句看到其后的诗人，而"知人论世"则是了解诗人的生平古诗，以加深对诗词的理解。在实际教学中，教师可以将两者有机结合。

此外，教师还可以通过举办诗词实践活动的方式来激发学生学习古诗词的兴趣，包括古诗词考级、诵读展示、故事展演、诗词大会等。教师鼓励学生全员参与，让他们在合适的年级真正"遇见"古诗词，温润学生的心灵，提升学生的气质和生命境界，是中小学古诗词教育的关键。

（娄雪、王小艾、张娜，《现代教育报》2024年4月19日）

这篇通讯就是典型的并列式写作，记者从读诗词、品诗词、融诗词、用诗词四方面着手，展示了北京的中小学在诗词教育方面的做法，最后请专家提出观点。

第八章　小记者怎样写通讯和评论

需要明确的是，很多时候，通讯的写作不会只采用上述三种方式中的一种，而是以一种方式为主，多种方式相结合。写作者要根据报道内容的特点来决定选用哪种方式。作为不同于消息的一种新闻报道体裁，通讯需要让人了解的一定是细节、深度，这些细节和深度需要用精妙的构思去完成。

（三）事件通讯结尾的写作

通讯的结尾是其重要组成部分，最后一两段完成得如何，对于整篇稿件都是有作用的。写结尾的时候，要选用重要事实、精彩细节或有代表性的语言，最好能让人产生回味、留下深刻印象。

有时候，结尾的描写与开头形成呼应，效果更好。这需要较为高超的写作技巧，表明虽然通讯说了很多内容，但最后写作者心中仍然是有一根写作主线的。需要强调的是，结尾的写作同样需要用事实说话，而不要用评论、议论，记者的职能就是铺展事实，而不是发表自己的观点。

此外，需要提醒的是，在采访过程中，我们往往会积累很多材料，那么在写作时，一定要有一条写作主线，如果是较复杂的事件可以有两条线索，所有的材料都围绕着主线来选择，切忌资料庞杂、报道过量。细节固然重要，但是无助于体现主题的细节要果断放弃。

二、人物通讯

人物通讯和事件通讯有相通之处，但也有其特质。人物通讯一直是通讯里的重头戏，许多有影响力的新闻作品都是人物通讯，比如《县委书记的榜样——焦裕禄》《索玛花儿为什么这样红？》等，这些通讯采访深入，刻画人物细致入微，读后给人巨大的震撼。

从20世纪50年代到80年代的人物通讯基本属于典型人物报道，整个报道方式是"高大上"的。20世纪90年代以后，这样的写作方式有所改变，人物通讯更加鲜活，人物形象更加生动。

写人物通讯，需要注意哪些方面呢？

（一）不要写成人物传记

人物通讯一般只有几千字，超过万字的已属长篇通讯。在这样的篇幅里，要写人物的一个侧面，不要从出生到少年时代、青年时代一路慢慢写下去。人物不同的成长时代当然可以写，但我们要牢记：写人物通讯不是写人物年谱，一定在脑海中有写作的主旨。如果没有主旨，也就是没有一条主线的话，人物通讯就很容易掉进传记的窠臼。

（二）不要写成采访对象的语录体

采访对象的语录体，就是整篇稿件多数时候都是"他说"之类的直接或间接引语，这样的稿件写作方式既单调，也缺乏写作者的精心构思，稿件成了"有闻必录"，有的甚至大段引用采访对象的语句，导致阅读效果大打折扣。

（三）不要用仰视或俯视的语言

由于采访对象的地位和身份原因，有些记者写作时会情不自禁地仰视或俯视，这都没有必要。作为记者要平视，和采访对象平等交流，作品才能客观公正。

（四）写出人物个性

既然要写人物通讯，我们就要想想：为什么要写这个人？这个人值得写的地方在哪里？想明白了，也就找到了人物的个性。

新华社记者在写焦裕禄时，抓住的是他无私忘我、一心为民的个性；写邮递员王顺友时，突出的是他甘于寂寞、无论多苦也要坚持把邮件送到群众手里的个性。只有找到"个性"，才能找到打开人物通讯写作大门的钥匙。否则，眉毛胡子一把抓，稿件的线索就会不清晰，也就难以打动人。

比如，写一位科研人员，可以扣住他对科学的热情；写一位创业者，可以写他的胆大心细，在重要关头总能做出正确的决定；写一位老师，可以写他对学生的爱。这些个性正是人物不同于他人或者高于他人的地方，找到人物个性，可以说为一篇优秀通讯奠定了基础。

（五）写出故事和细节

和事件通讯一样，人物通讯的故事和细节都少不了。可以说，缺乏了故事和细节，一篇人物通讯怎么看都不会是一篇丰满、有张力的作品。前面说的体现人物个性、人物侧面的东西不能靠记者去下断语，比如，直接说"他是一个不怕困难的人"就不合适，而要通过展示故事和细节，让人感受到这个人的不惧困难。

（六）文学手法的运用

在写作中，要灵活采用一些文学手法。写人物通讯多数时候可能会用陈述的方式，但也可以穿插使用描写或白描，还有采访者与被采访者对话的方式。多种方式的并用，才使得一篇几千字的稿件呈现方式多样，阅读起来不会疲劳，还会觉得新鲜。

直接引语和间接引语要适当运用，而不能从头到尾都是直接引语。在体现人物个性的时候用直接引语，效果会非常好。

在写作时，起承转合、自然过渡都非常重要，这些需要写作者逐步加以掌握。

（七）小标题的运用

写人物通讯的时候，经常会用到小标题。主标题之下各部分的小标题，是对每一个部分的高度概括和凝练。小标题一定程度上起到了突出人物个性的作用,也让文章更有条理,有利于人们迅速地把握每一部分的中心意思。

下面,以笔者2019年初发表的一篇写中国人民大学附属中学校长刘小惠(时任人大附中副校长,文章发表两个多月后任人大附中校长)的人物通讯为例,请大家体会一下人物通讯写作的基本特点。

刘小惠:拼出来的教育人生

刘小惠,中共党员,博士,高级教师。人大附中联合学校总校党委书记,人大附中副校长,人大附中翠微学校、人大附中通州校区、北京学校校长。刘小惠校长秉承人大附中教育教学思想,坚持"爱与尊重"的办学理念。以创办"老百姓满意的家门口的好学校"为使命,积极推进首都优质教育资源均衡发展。

众所周知,海淀区是北京市乃至全国的教育高地。然而,即使在这片土地上,也有一些教育洼地出乎人们的预料。位于海淀南片的原翠微中学和卫国中学就是这样让人皱眉的薄弱学校。

不过,2014年以后,一切悄然改变。2017年,原本孩子和家长都不情愿去上的学校诞生了海淀区中考第一名;到2018年,该校中高考成绩明显向好,整个教育教学质量获得了全面提升,成为海淀区首批"新优质学校建设工程"项目挂牌校。这堪称"传奇"的逆转是如何发生的?有什么秘诀吗?

刘小惠校长说:哪有什么秘诀,一切都是拼出来的!

没错,她的人生就是一场拼出来的教育人生!

27年奔跑的历程

1月9日上午跟刘小惠校长见面时得知,她凌晨刚从海淀赶回通州。1月8日上午,在通州校区处理完紧急工作,又立即赶回海淀,参加翠微学校的会议，会后处理完相关事务，再赶回通州。

"两年时间，我跑了6万多公里。"刘小惠微笑着说。她每天5点多起床，12点左右休息，把整个身心都投入人大附中翠微校区和通州校区的发展中。从2017年开始又主持北京学校的筹建工作。

30多年来，她一直这样拼。

1987年，还是首都师范大学地理系大三学生的刘小惠来到人大附中实习，从此与人大附中结下不解之缘。因为实习期间的踏实和能干，作为一名学生党员，被人大附中录用了。这一待，就是27年。27年写满奔跑的故事。

无论是平凡的教师岗位，还是担任团委书记，刘小惠的工作始终都有声有色。她是优秀的地理老师，也是学生们热爱和喜欢的团委书记。也正是这份热爱和拼劲，她赢得了校领导的认可。

2000年，升任副校长。这一时期，可以说正是人大附中狂飙突进、一马当先的关键期，她在刘彭芝校长的带领下，经历了学校多个部门的工作，学习解决学校快速发展中的各种难题。

从2000年开始，刘小惠到国内外的名校进行考察，开阔视野的同时，对于如何开放办学、如何搞活教育有了切身的体会。

这段时间，也是刘小惠个人的快速成长期。她不仅获得去英国做访问学者的机会，还考取了北京理工大学的管理学博士。

"我是一个不愿意在家休息的人，我做事一定追求高效率，做到自己满意。"是的，刘小惠校长就是这样一位闲不下来的校长，一位对工作永远追求高效和完美的校长。

为推动国际文化交流，传播中华文化和艺术，2003年她担负起人大附中艺术团团长工作，每年春节带领孩子们到美国巡演交流，这一坚持就是15年，她也因此连续14年没有跟家人吃上一顿团圆饭。她就是这样一个无私无畏、奋力拼搏的人。

在刘小惠的成长中，中央文史研究馆馆员、人大附中联合学校总校校长、当代著名教育家刘彭芝对她有着重要的影响。长期的耳濡目染，刘彭芝校长"为教育这一大事而来"的博大胸襟，无私无畏的奉献精神和不懈奋斗勇于创新的实干精神，深深地植根于她为人处世和办学思想的理念中。

主动请缨　不辱使命

对刘小惠来说，她教育人生的真正转折点出现在2014年。

2014年，北京市深化基础教育综合改革拉开帷幕。市区希望委托人大附中承办原北京市翠微中学和北京市卫国中学。4月，海淀教委与人大附中签署协议，将两所学校合并，更名为中国人民大学附属中学翠微学校（简称人大附中翠微学校）。

当时，有关媒体报道"在人大附中联合学校总校的旗帜下，还没有比这两所学校更薄弱的学校"。地处长安街沿线的翠微中学、卫国中学，由于教育资源匮乏，办学空间狭小，学校整体办学水平、教育教学质量一直上不去，优秀教师不断调离，学生逐年流失。以2013年原翠微中学为例，初三学生流失率竟达53.9%。

承办之初，翠微中学和卫国中学两所学校区骨干教师、区学科带头人加起来不到20人。羊坊店学区有翠微小学、七一小学等5所在海淀区排名前列的优质小学，小学生毕业后都纷纷离开本学区，几乎没有人愿意选择这两所家门口的中学。

10多年来，人大附中一直对外进行优质教育资源输出。人大附中已经派出多名管理骨干和优秀教师到外校进行优质教育辐射。面临这一重任，学校一时间很难再派出得力干将。

这时，刘小惠经过全面考虑，主动请缨了。

她向刘彭芝校长表示，自己愿意去试试。她还提出：去翠微、卫国的教师可采取轮流支教的方式。

根据翠微和卫国两所学校的调研需求，刘小惠校长率领党办主任、年级组长到各学科愿意支教的优秀教师16人，开始了真真切切的帮扶办学。

说到这里，刘小惠校长开始激动起来，她说，她每天都在感动之中，比如，刘蓓副校长将自己本应该在人大附中上初一的女儿带到了翠微学校就读。"副校长的孩子也来翠微就读了"，这给所有家长和老师极大的激励，在这之前，原卫国和翠微没有老师愿意把孩子放在自己工作的学校，而现在人大附中翠微学校老师都把自己上初中的孩子放在翠微初中校区就读。

他们发扬人大附中的风格——先抓教师业务水平。从集体备课开始，落实教案，每位老师都认真做课件、听课、试讲，并严格业务考核。以前学校4:30之后空空荡荡，而现在，即使6:00之后学校也依然热热闹闹，民乐团、舞蹈团、合唱团、健美操队、篮球队、足球队、舞龙队的师生们在活动，篮球场、足球场、操场、剧场，学校各个场地都是学生，教学楼也灯火通明。派出的团队和原校老师凝心聚力，团结拼搏。

一切都在悄悄地改变。

2017年，人大附中翠微学校交出了这样一份答卷：培养出了海淀区中考第一名，中考录取分数也由2013年的458分，提升到519分；高考一本录取率，文科从2014年的14.3%，提高到39.1%；理科从2014年的5.4%，提高到36.2%。

刘小惠团队特别重视学校班主任工作，她说班主任就像糖葫芦的串儿，联系了学校、老师、家长和学生。"她就是我们学生直接的引路人，我们将各项政策向班主任倾斜，现在我们的班主任都非常优秀。"

刘小惠说，确定"小校园，大课堂"的发展策略让学校有了很好的定位，学校师生开足马力，迎来学校快速全面发展。以前翠微中学高考一本线学生数量为个位数，而现在，每一届都超过100人。

几年来，刘小惠无私忘我，把所有的荣誉给了学校集体，把所有奖励都给了学校的老师们。"我感谢和我一起从人大附中派出支教的老师，感谢学校和我们一起努力的老师们，没有他们的付出，就没有人翠的今天。"

青年教师人才培养以及他们的工作生活，也是刘小惠校长非常重视的。

最近争取了四年的为华大厦，正式购回，她和学校班子成员商议后，决定将其中部分房间拿出来做青年教师公寓，改善教师生活条件。"这些优秀高校毕业的年轻人，发展非常快，书教得可好了，他们是学校的宝贝。我们要让他们生活得有尊严、有幸福感。留住人才，学校才有发展的保证。"

转战通州　再迎挑战

在人翠取得快速发展的同时，新的任务又来了。随着通州区作为北京城市副中心定位的确立，办与之相匹配的教育，迫在眉睫。

2016年，区教委将通州三中交给人大附中，更名为人大附中通州校区，校长为刘小惠。这样，她同时担任通州和海淀两个校区的校长。

经过调研，刘小惠发现，通州的教育发展大有希望。"这里的学生很好，他们像一张白纸，单纯而好学。"

两年多，通州校区已经引进了近百名优秀教师，"我们特别珍惜他们，重视他们的成长"。每个周一下午，学校都会组织人大附中联合总校集团内的优秀教师给新任教师授课、培训，跟他们谈理想、谈教学、谈班级管理。虽然只有两年多时间，学校却已发生显著变化，在通州也产生了不小的影响。

随着市委、市政府搬迁工作的逐步推进，为更好地满足教育需求，北京学校在此基础上诞生了，刘小惠校长又被任命为北京学校校长，这将是一所12年一贯制学校。预计2019年9月招收新生，目前正在紧锣密鼓的建设当中。刘小惠坦言压力很大，但是有社会各界那么多的支持，她坚信学校的未来一定值得期待。

从一所学校到两所学校，从两所学校到三所学校，刘小惠校长的担子越来越重，没有拼的精神，没有拼的实干，就没有快速发展。

记者手记：纯净的教育情怀

如果当初留在附中工作，轻车熟路，可能工作压力没有那么大。她说，现在觉得自己的教育情怀更为纯净，也更有一种使命感了。

刘小惠说，现在老百姓都希望能"上好学"，这个"好"指的是什么？"我认为是让孩子有一颗积极向上而善良的心，有一个充满智慧而活跃的头脑，拥有纯洁美好而高尚的灵魂。"

刘小惠所有的"拼"，都是为了给市民提供优质的教育，培养优秀的人。

她常常是最晚离开校园的那一位，她也会弯腰捡起校园路上的纸屑并丢进垃圾桶，她总是想尽一切办法为老师们解决难题，她永远给人温暖和力量。

在她的带领下，人大附中翠微学校被评为海淀区新优质校建设工程项目校，人大附中通州校区成为孩子们想上的学校，而即将揭开面纱的北京学校，更是让人们满怀憧憬。

刘小惠说，她是改革开放的受益者。正是因为改革开放，基础教育界才会有不断的创新，也才有了她走出人大附中本部，去接受一个个挑战的机会。

教育的大情怀、大格局就是蕴含在这样一个个的挑战中，教育事业的大发展大成就也孕育在一次次的拼搏中。

（鲍丹禾，《现代教育报》2019年1月23日）

第二节　写评论重在表达观点

对小记者而言，写消息、通讯的机会多一些，而写新闻评论的机会相对较少。新闻评论和一般的议论文不同，它是对新近发生的事实的评述和议论，既需要快速反应，又要求写作者具有深厚的积淀。本节我们简要介绍如何写好新闻评论。

评论要在新闻事实的基础上做出更深刻的诠释。这是评论的根本意义。

一、评论的观点

评论的观点，也就是说有怎样的见解，是新闻评论的魂。有深刻而新颖的观点，一篇评论才立得起来。观点让人耳目一新，即使写作上稍有不足，有时也并不影响评论的总体质量。

观点通常在标题中就表露出来。大多数情况下，评论的标题就是观点，如果标题看上去索然无味，就很难引起人们的兴趣。

那么，不同寻常的观点从何而来呢？一方面，当然是好学多思，多读书才有收获；另一方面，要有意识地训练自己的辩证思维，善于从多个角度、多个侧面看问题，而不是单向度地看问题，这样才能对事物的趋势和走向做出判断。

我们在看待问题的时候，要善于将自己放在更高的位置，才能做到立意深远。

有了站位高的观点或者不同寻常的观点，就是我们所说的找到选题了。选题有时候并非那么难求。我们在日常看新闻的时候，如果某个新闻对你特别有触动，或者你被某事深深吸引，其实就是选题的端倪，接下来，就看你如何剖析这个选题，并从中找到新观点。

二、评论的论据

定好了观点，接下来就是要有什么样的论据做支撑。首先是恰当的材料。这也正是评论和消息、通讯不同之处。消息和通讯的材料一般是记者通过采访就可以获得，而评论的材料则是通过日常的积累，并结合新闻事实来输出。

材料的获得既有平常有意识的阅读、收集，也有不经意间的获取。在掌握了众多材料之后，写作者要善于分拣这些材料，哪些是可以用的，哪些是暂时不能用、留待以后用的，心中要捋清楚。

写评论和写诗词一样，经常要用典。典故也是论据的一种。典故是中华优秀传统文化的重要组成部分，政论家梁启超、陈独秀、毛泽东等人，在写评论的时候经常会用典。梁启超的《少年中国说》就多处用典。恰当的用典能为评论增色不少，但是要切忌在评论中大量铺陈用典，而是要在关键处恰如其分地使用，为文章增辉。

三、评论的论证

有了观点和论据，接下来就是具体的结构问题了：该怎么搭结构、怎么写？

新闻评论的开头通常先简要介绍一下新闻事实，然后开宗明义，表达观点。最新的事件需要先让人知道，这一事件反映了什么问题呢？接下来就是作者想说的内容了。

评论主体的写作常见的有三类：一是并列式。先提出观点，再分几个方面阐述，最后归拢到先前提出的观点；二是递进式。这种写作方式也常见，每一段都有更深的含义，将事物由浅入深，剖析清楚。每一部分感觉层层递进，环环相扣，鞭辟入里；三是对比式。通过不同的两方面或多方面对比，来表达作者观点。

我们来看一下《法制日报》的这篇短评。

放过教育不公就是放过腐败

近日，山东省冠县农家女被冒名顶替上大学一事持续发酵。据冠县在线微信公众号消息，6月10日，县委、县政府已责成县纪委监委、县公安局、县教育和体育局成立联合调查组对此事开展调查，并与举报人见面。顶替者陈某某，目前已被停职，事件涉及详细信息正在进一步调查中。县委、县政府将依据调查结果依法依纪依规严肃处理，最终结果会及时向社会公布。

此前，被顶替者陈秋媛的丈夫向媒体讲述了多年来陈秋媛对上大学的执着与渴望，以及她艰辛的打工历程，其中充满了一个农家女对教育改变人生的追求。事实上，这也是教育公平的真谛所在，只有人们坚信教育公平，才会坚定教育改变人生的理想与信念。而这一切被一场暗箱操作的冒名顶替击碎了，她甚至都不知道自己曾经被大学录取过。

而从提前看到录取通知书，到寻找目标、改学籍、换身份证，再到顺利入学，这是一个非常复杂的过程，不是谁都能做得到的，至少普通人家的孩子没这么大的能量。那么，到底是谁在暗箱操作，答案已经呼之欲出，教育不公平的背后就是教育腐败，放过教育不公平就是放过腐败。冠县联合调查组这次既然要调查，就要硬碰硬地查官员、查权力、查腐败，而这从来就不是一件容易的事。

不久前，艺人仝卓在直播时"自我举报"曾经把往届生的身份改成了应届生的身份。事情曝光后，当地教育部门信誓旦旦说要严查。几天后记者致电追问此事，当地教育部门却一问三不知。这种态度再次引发舆论大哗，各种猜测甚嚣尘上，比事件本身对政府公信力的伤害更大。

反腐败在任何时候都是一场严酷的刮骨疗毒。党的十八大以来，我们党以壮士断腕的勇气、打虎拍蝇的决心、标本兼治的智慧，多管齐下、多措并举，才取得了官场风气为之一振的良好局面。这其中需要付出多大的努力不言自明。

如今，冠县联合调查组为农家女被冒名顶替上大学一事向公众立下了依法依纪依规严肃处理，并及时向社会公布结果的"军令状"，我们相信他们的决心，也期待他们的调查不会敷衍了事，而是会一查到底，不放过任何一个责任人、当事人，真正给受害人一个交代、给人民一个交代。

（秦平，《法制日报》2020年6月13日）

从标题就可以看出这篇短评观点新颖。短短一句话，将教育不公和腐败联系在一起。在材料的使用上，有事件本身的材料，也联系了"仝卓事件"，进一步揭示了教育不公的严重后果。从顶替上学的表象，评论员层层递进，指出这是一种公权力的腐败，只有刮骨疗伤、壮士断腕，才能给社会一个交代。

第九章

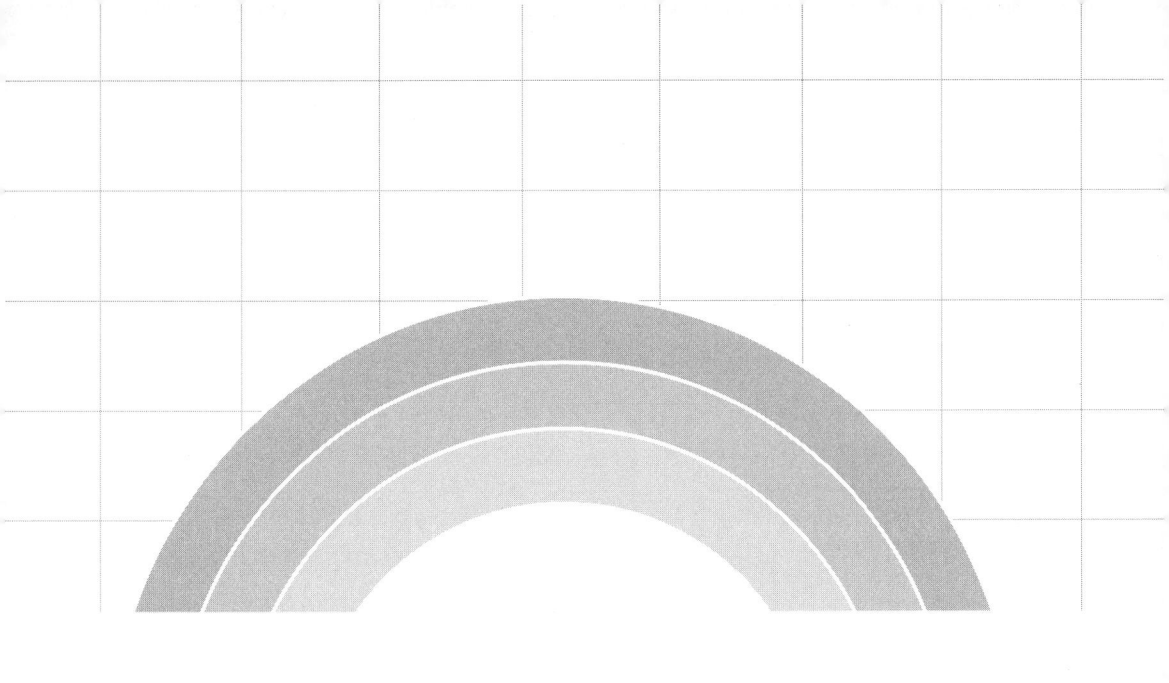

学点摄影技巧很重要

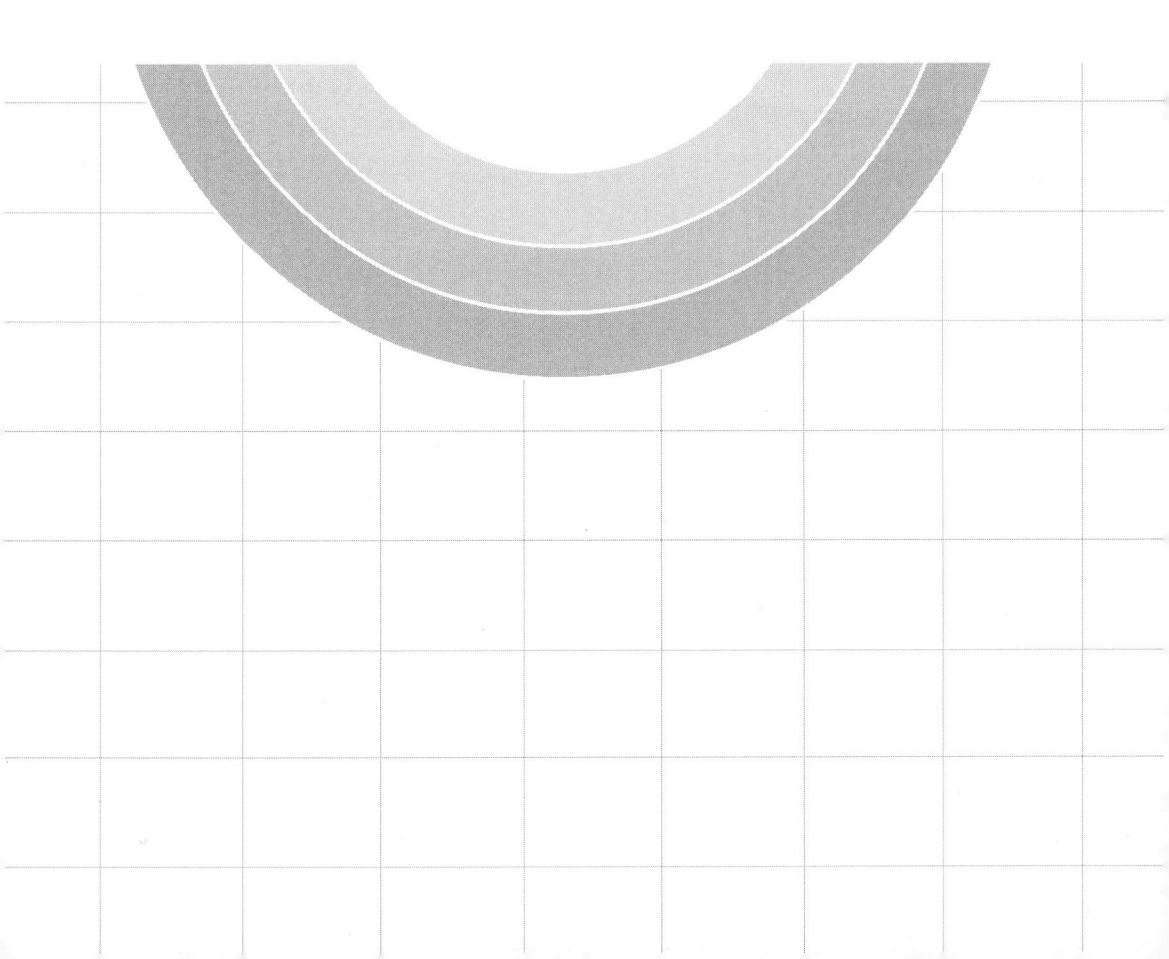

对小记者来说，除了新闻写作，还需要掌握一定的新闻摄影技巧。新闻写作是以文字为载体，展现新闻事件或新闻人物。新闻摄影虽然不需要文字或者只需要少量文字来进行图片说明，但其重要性同样不能忽视。

当今时代，社会节奏快，对许多人来说，很难进行深阅读，往往只有泛阅读，而读图就是泛阅读的一种。读图可以让读者迅速而高效地捕捉有效信息，有时候一张或一组图片的力量胜过长篇的文字。

第九章　学点摄影技巧很重要

第一节　好新闻照片的标准

新闻摄影是用具体、形象、生动、感人的表现手法来反映现实、评说现实的一种特殊的艺术表达手段。新闻照片的价值在于用具有典型性和代表性的形象记录时代风貌，这些时代风貌放在今后将成为重要的历史资料。

那么，什么样的新闻照片是好照片呢？

一、富含冲击力

我们在日常生活中会看到很多照片都平平无奇，而一些专业摄影师拍的片子往往让人拍案叫绝。为什么拍案叫绝呢？因为照片的构图、内涵、光线都不同一般，所诠释的内容也就更加到位。

20世纪90年代初，《中国青年报》摄影记者解海龙跟随拍摄希望工程。在安徽省金寨县，他拍了一组照片，其中一张《大眼睛》由于有强烈的视觉冲击，而引起社会广泛关注。(见右图)

这张照片给人的冲击在于女孩那双清澈透亮的大眼睛。这双眼睛

大眼睛（摄影/解海龙）

直视镜头，显示出贫困地区农村孩子对读书的渴望。

有强烈冲击力的新闻图片，常常是有动感存在的。《大眼睛》看上去是一张静态的照片，但是其灵动之处正在于眼睛，一双会说话的眼睛已经传达出拍摄者所要表达的情感。

要拍出有冲击力的照片通常并不容易。著名的战地摄影记者罗伯特·卡帕曾经说过："如果你的照片拍得不够好，那是你离得不够近。"新闻摄影往往需要摄影者离被摄物体或人近一点、再近一点。只有靠近了，拍摄到满意作品的概率才会加大，图片才会更有冲击力。

新闻摄影史上有一张著名照片很好地说明了靠近的重要性。1994年获得美国普利策新闻奖的摄影作品《饥饿的苏丹》，是记者凯文·卡特在苏丹大饥荒中拍到的震撼人心的一幕。一个因为饥饿即将倒毙的苏丹小孩身后，站立着一只秃鹫，虎视眈眈望着小孩，随时准备猎食小孩。画面让人无比揪心，冲击力巨大。

这样的照片透露着一股悲悯、惨痛之情。无须多言，灾难、战争有时候靠照片来传达信息，更加直接，也更加有力。

二、善于抓取瞬间

新闻摄影不同于拍风景照、人物照。大多数摄影爱好者都喜欢拍风景照或人物照。由于风景相对静态，所以只要有足够耐心，掌握一定的摄影技巧，就可以拍出好的风景照。但是新闻摄影挑战极大，可以说画面转瞬即逝。某个新闻瞬间只可能出现一次，遗漏了就再不会回来。

这样的瞬间之所以价值高，在于可能是人物最生动的瞬间，可能是特征最夸张的瞬间，可能是最能表达新闻事件的瞬间，可能是最具历史意义的瞬间。抓住了这种典型瞬间，作品就成功了一半，甚至更多。在新闻摄影中，瞬间的重要性更甚于角度、光线等。

北京青年报摄影记者胡金喜在2004年雅典奥运会上拍摄到刘翔在男

子 110 米栏决赛中冲刺的场景，记录下了刘翔的夺冠时刻，是非常有代表性的瞬间记录。

圆梦雅典 （摄影/胡金喜）

这张照片通过记录刘翔和他身边的竞争对手，表达可谓传神。刘翔拼尽全力，最后时刻头发都竖立起来；身边的对手跟跟跄跄，感觉就要扑倒在地。这是中国人在奥运田径赛场夺冠的历史时刻，这样的图片记录就是在书写历史。

当然，对小记者来说，不可能像专业记者那样，捕捉到那么高水平的画面。但是小记者应该培养这样的"瞬间"意识，面临新闻事件时，不妨一次性多拍一些照片，也就是拍组照，然后从组照中甄选出最好的照片。对摄影初学者来说，捕捉瞬间的最好办法就是多拍、连续性地拍。

由此可见，新闻摄影是很强调拍摄者的新闻意识的。为什么一些资深摄影记者能拍出好作品，就缘于他们长期以来形成的拍摄经验和意识。拍摄体育运动要站在什么角度，拍摄文化娱乐人物要怎样处理，往往在多次拍摄中找到规律。

三、从读者立场考虑

拍摄者需要一直有一个读者立场。有些新闻场景由于转化太快，所以角度、画面异常重要，但有些场景可以有拍摄者一定的设计——这个设计不是指摆拍，而是自己拍摄前心里就想好了怎么处理，这就是从读者的立场考虑问题。

2005年4月29日，时任中共中央总书记胡锦涛与时任中国国民党主席连战在北京会晤，中国青年报记者贺延光拍摄了名为"两党一小步　民族一大步"的照片。照片中胡连二人面对面伸手准备相握，在即将握住的瞬间，贺延光按下了快门。画面中两人的手将握而未握，让人觉得有动感，同时又表现出两党领导人时隔多年再度面对面，使得照片更有深意。相信这样的瞬间正是资深摄影记者贺延光事先所考虑好的。在当天众多的现场照片中，以这张照片为最佳。这就是记者从读者立场考虑，赋予照片更多的含义。

第二节　新闻照片构图有讲究

一张给人印象深刻的照片，构图是至关重要的。风景照如此，新闻照片更是如此。从某种意义上讲，拍新闻照片是一种取舍和选择。在瞬息变化的新闻事件面前，一方面要抓取瞬间，另一方面还要兼顾构图，并不容易。但唯有构图恰当，才能更准确地表达新闻事件，呈现更深刻的思想内容。

构图需要视觉上的点、线、形态与光、明暗、色彩的配合，配合得好，才能构成理想的画面。而新闻摄影构图，就是要把表现的拍摄对象（人、物、景）有机安排于画面中，获得理想的布局方法。这里，介绍一下构图的基本原则和技巧。

第九章　学点摄影技巧很重要

一、新闻照片构图的基本原则

（一）黄金分割构图

黄金分割就是把一条直线段分为两部分，其中一部分与全部的比等于另一部分对这部分的比。人们常用2:3、3:5、5:8等近似值的比例关系进行摄影构图，这种比例也称为黄金律。在摄影构图中，常使用的方法是在画面上横、竖各画两条与边平行、等分的直线，将画面分成9个相等的方块，成为九宫格，如下图所示。中间相交的4个点就是黄金分割点。当然，一般来说，这样的构图是在拍摄者的脑海中形成的，而不是真的去画出这个图。将主要的拍摄对象安排在这些黄金分割点上，常常能使主体更鲜明，拍摄效果更好。

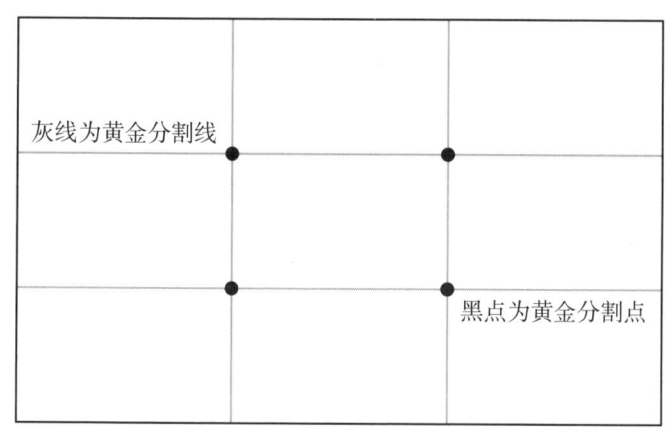

九宫格与黄金分割点

用黄金分割法确定主体的位置，并没有完成整个构图过程。拍摄者脑海中需要做必要的安排，考虑图中各个表达对象的摆放和呼应，同时，还要考虑光影和色彩等因素。如下图，就较好地体现了黄金分割的原则。

转湖藏民（摄影/李晨）

（二）均衡式构图

均衡，就是平衡，是一种艺术审美观和视觉心理概念。均衡式构图，给人一种平稳的感觉，但又不是绝对对称的那种呆板，所以也是新闻摄影构图的基本方法之一。尤其是表现一些正面、和谐的画面时，均衡的拍摄手法会被经常使用。下图很好地诠释了什么是均衡构图。

阅兵式上的战斗机（摄影/李晨）

（三）非均衡式构图

非均衡式构图具有不稳定、不和谐、紧张刺激、动荡不安的特点。所以，在表现拍摄对象动荡、烦躁、悲伤等情绪，表现战争残酷性场面时，经常会用到，有很好的视觉效果。

下图是一幅典型的非均衡式构图。一个皮划艇中的男子在茫茫的江水中，显得孤立无援，读者可以感受到画面中人物的焦灼和无奈，产生共情。

暴雨中的寻找（摄影/李晨）

（四）对比式构图

对比是一种常用的艺术表达方式，新闻摄影中更是运用很多，如老和少、动和静、长和短、明和暗、虚和实的对比。摄影者往往在巧妙的对比中完成一幅有震撼力的作品。

下面这两幅图中,一幅通过神舟十号升空和旁边发射塔一动一静的对比,另一幅通过父与子一年长一年幼的对比,让画面更加生动。

神舟十号发射(摄影/李晨)

西沙群岛居民(摄影/李晨)

二、构图的元素

虽然新闻摄影往往是瞬间的、突发的，但还是要力求成功构图。构图理想是一种美学追求，是视觉艺术语言的有效组织。一幅摄影作品的画面大致可以分为五个部分：主体、陪体、前景、背景、留白（或称空白）。

（一）主体

新闻摄影的主体是图片中用以表达主题思想的部分，也是最主要的部分，居于画面结构的中心，所以占据的位置最重要。它可以是一个对象，也可以是一组对象；可以是人，也可以是物。

下图中的小主持人就是这张新闻图片的主体。在炎炎烈日下主持节目的小朋友已经头上冒汗，照片拍摄的瞬间体现了小主持人的敬业。

小主持人（摄影／鲍丹禾）

下图中的主体不是一个人，而是三个少年。三个人在科技竞赛中非常投入，正全神贯注地盯着自己的设计产品。

比赛中的少年（摄影/鲍丹禾）

下图虽然有很多孩子，但是主体显然是那个硕大的"足球"。这是一所小学在举行趣味体育运动。所以，主体既可以是人，也可以是物。

传球（摄影/鲍丹禾）

既然主体是画面的结构中心，就应该突出主体。突出主体的方法一般有两种：一是直接突出主体，让被摄主体占据绝大部分的画面，使之引人注目；二是间接表现主体，就是通过对环境的渲染、烘托主体，这时候主体不一定占据较大面积，但会占据显要的位置。就第二种情况而言，具体方法如下：

1. 给主体以位置上的优势，拍成特写或接近于特写的中景，或置于前景中。

2. 把主体放在画面中心或靠近中心的位置，使其和周围其他对象相比更为突出。

3. 利用视线指向突出主体，使画面中主线向中心集结。

4. 使主体和背景在色调或影调上形成一种对比，以此突出主体。

5. 从光线入手，用光线来强调所要表达的主体。

6. 从角度入手，用角度的变化来强调主体。

7. 利用光圈调整、前景背景设置的方式来突出主体。

（二）陪体

陪体相对于主体而言，与主体构成更丰富的画面，帮助主体表达主题的特征和思想。顾名思义，陪体在画面中起到陪衬的作用，和主体相比居于次要地位。

陪体的作用主要有以下三方面：一是陪衬作用，相当于绿叶配红花，使画面内容表达更明确、更充分；二是均衡作用，有时候没有陪体，画面显得比较单调，有了陪体，就起到一种美化和均衡的效果；三是推动作用，使画面更具感染力，对情节发展、事件进展起到推动作用。

陪体的安排以不削弱主体为原则。例如，在大会上拍摄名人的画面，常常名人的左右都有人，而镜头聚焦于名人。这时，名人旁边的这些人就成为陪体，陪体使得名人更加引人注目。

同时，陪体要简洁、适度，在光线、色彩、景别、构图等方面不能过于抢眼，不可喧宾夺主。

  当然，并不是所有画面都需要陪体。比如，特写画面，聚焦于某个局部，无须陪体。有些情况下也不容易分辨谁是主体、谁是陪体，需要根据具体情况而定。

  下面这张老师在课堂上提问、学生踊跃回答问题的照片，老师是主体，而被镜头虚化处理的学生则是陪体。

课堂上（摄影/付磊）

（三）前景

  前景是镜头中位于主体前面或靠近前沿的人或物，在镜头画面中用以陪衬主体，或组成画面的一部分，具有烘托主体、装饰环境的作用，有助于增强画面的空间深度、平衡构图和美化画面。如下图中，主体前的垂下的树叶，构成图的前景，它对于纵深感的构造、进一步突出主体、营造清幽的环境都起到了很好的作用。

古朴的校门（摄影/鲍丹禾）

（四）背景

背景是主体后面的景物，也起到衬托主体的作用。背景对于一幅新闻照片起着举足轻重的作用。在选取背景的时候，要注意抓取特征、力求简洁、形成对比。

有时，背景选取得合适，完全可以烘托主体，渲染气氛，加深人们对画面的理解。

下图是一幅拖油船清理海面上油污的画面。主体是海上的油污以及形成环形的清理带，背景则是远处的两艘拖油船，这样的画面处理非常独特，主体的油污给人触目惊心的感觉，而远方的轮船则是这次作业的关键，所以这个背景要素至关重要。

清理海上油污（摄影／李晨）

（五）留白

留白又称空白。在画中，常常有留白，也就是画家故意留出一块不画，反而让人对画面产生遐想。在新闻摄影中，也有空白。它一般由单一色调的背景组成，这些单一色调可以是天空、土地、水面或其他景物。

在有些新闻摄影中，用好空白往往能够使主体更为突出，或者与主体形成强烈的对比。

空白的作用主要在于：一是突出拍摄主体。主体周边的空白使主体轮廓更清晰鲜明，产生视觉吸引力。例如，拍摄英雄纪念碑，拍摄者总喜欢以天空来衬托纪念碑，这时的天空就是画面上的留白；二是创造画面意境，空白运用得好，会给人以无限隽永之感。如拍摄秋天到来时水面上的残荷，这时将水面做留白，会有一种秋日的萧瑟悲凉感；三是伸展物体运动，拍摄新闻照片时，常常有运动状态的抓取，比如运动员奔跑、汽车行驶的照片，在运动者或物的前方最好留白，这样就有一种运动的延伸感，画面布局也显得比较舒适。

下图中，巍峨的布达拉宫在画面中占据的位置不到一半，大量的画面留给了蔚蓝色的天空。在这里，天空就是留白，适度的留白让画面的结构更加协调。

布达拉宫（摄影/李晨）

三、画面构图常见的问题

初学者在画面构图中稍不注意，就容易出现以下这些问题。

（一）中间分割

如果一张照片出现左右或上下 1:1 分割的情况，画面就给人呆板的感觉。如果上下或左右部分的比例是 1:3 或 1:6 时，画面看上去就比较舒适。

（二）顶天立地

有些初学者拍摄新闻图片时，喜欢将所摄者安排得充满画面，俗称"顶天立地"，这样的画面容易给人沉闷和压抑的感觉，是拍摄中的大忌。

（三）没有留白

画面该留白的时候不留白，也会显得不协调。如对运动人物、运动物体的拍摄，其面对的方向需要有所留白，才会让人看了觉得画面自然、舒服。

（四）头顶物体

有的初学者拍新闻照片时，一不注意就会把图中的新闻人物拍得头顶一个物体，比如，头上顶着个灯杆、树干等物体，形成很怪异的画面，这是要注意避免的。其实，只需要稍微改变一下角度，或将背景虚化处理，就能躲开这种情况。

头顶物体（摄影／李晨）

四、拍摄距离

拍摄距离是指照相机和被拍摄人物或物体之间的距离。拍摄距离的变化，体现在画面上就是景别的不同。所谓景别，就是照相机或摄影机在拍摄中与被摄对象处于不同距离时或者通过变焦镜头拍摄时画面中所容纳的范围。

在使用同一焦距镜头时，照相机和被摄物体之间的距离越近，能拍摄到的范围就越小，主体在画面中所占据的面积就越大，就越突出；反之，拍摄到的范围越大，主体在画面中所占的面积就越小。通常，根据拍摄距离，有以下几种景别，即远景、全景、中景、近景和特写。

（一）远景

远景是从较远的地方进行拍摄，空间范围比较大。远景具有广阔的视野，常用来展示事件发生的环境、规模、气氛等。比如，开阔的群众场面、战争场面以及自然风光等。一般远景可以表现自然环境和某种气氛，通常比较有气势。镜头虽远，却能呈现不同一般的效果。

远景（摄影/付磊）

用远景拍摄要注意画面整体结构，并突出气势。在画面的色调、线条等方面要处理好。

（二）全景

全景就是画面中完整容纳被摄对象，比如：拍新闻人物时，就是全身容纳；拍物体时，物体的全貌容纳。如果说远景给人以有气势的感觉，那么全景拍摄重在完整、清楚地展现被摄物全貌。

全景（摄影/付磊）

（三）中景

中景只包括主体局部的画面。在拍摄新闻人物时，通常取膝盖以上部位的画面为中景画面。中景是叙事功能最强的一种景别，利用中景可以最有效地表现人物之间、人物与周围环境之间的关系。

中景（摄影/付磊）

（四）近景

近景是物体的局部或者人物的胸部以上。由于拍摄范围缩小，所以被摄对象的细节可以看得更清楚。在近景中，周边环境变得不太重要，而将焦点聚于主体身上。为了避免背景的杂乱，在拍摄近景时，常常使用长焦镜头，这样景深短，背景就得以虚化。

在对人物进行访谈拍摄的时候，近景和特写都是常常用到的。

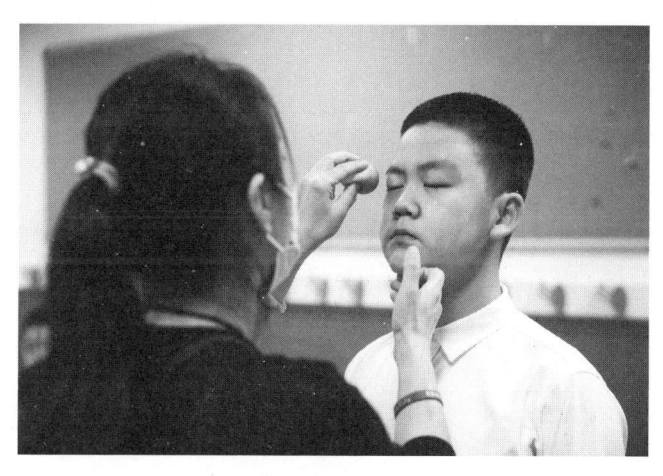

近景（摄影/付磊）

（五）特写

在近景基础上，镜头进一步拉近，就是特写了。特写是让被摄主体的某一局部充满画面，比如，表现脸部，甚至眼睛，或者一双手等；也可以是某个物体的局部。由于特写画面视角小，景深短，所以细节格外突出。在特写拍摄时，周边的环境也不重要，聚焦点已不在环境上。

特写（摄影/付磊）

五、拍摄方向

拍摄方向的问题很重要。所谓拍摄方向，就是拍摄者围绕被摄对象的四周所选择的拍摄点。在拍摄高度不变的情况下，从主体的正面、侧面、斜侧、反侧、背面等方向进行拍摄，会产生不同的视觉效果。

（一）正面

新闻摄影中，正面是经常使用的拍摄方向。正面能够较好地展现被摄对象的特点。比如，新落成的一个建筑，正面拍摄可以展示全貌。摄影记者拍摄天安门广场升旗也常常是拍正面，以天安门城楼做背景，画面正中是高高升起的国旗，画面呈对称布局。

正面摄影的缺点在于画面有些呆板，对被摄对象各部分的展现较为平均用力，难以突出某一局部。所以，在表现运动性的主题或者气氛热烈活泼的场景时，一般不用对称的正面拍摄。

安徽宏村（摄影/李晨）

（二）侧面

侧面指与被摄对象的侧面呈垂直角度的拍摄位置。在拍摄人物的时候，侧面轮廓的拍摄，对于抓取人物特征、定格人物瞬间，有很好的作用。尤其在一些表现人物的动感时，选取侧面进行拍摄效果显著，如拍摄指挥家正在指挥乐队、导演正在给演员讲戏时，侧面的拍摄往往更为传神。

侧面角度的胡夫金字塔群（摄影/李晨）

（三）斜侧

斜侧既不是正面，也不是垂直角度的侧面，而是在正面和侧面之间的一种拍摄方向。有时候斜侧方向的拍摄富有纵深感和立体感，会收到意想不到的生动效果。

宏村月沼（摄影/李晨）

（四）反侧

反侧指被摄主体向背面移动，而拍摄者在主体的侧方拍摄。比如，拍摄者在某一新闻人物身后，这时被摄者突然转身，转身的瞬间拍摄者抓取了镜头，这个方向就是反侧方。反侧拍摄通常会给人出其不意的效果，所以往往会得到一张生动有趣的照片。

六小龄童在印度表演孙悟空（摄影/李晨）

（五）背面

对新闻人物进行背面拍摄，在新闻摄影中相对而言较少使用，但也是有的。一般来说，拍主体的正面更能表现主体特点，但有时候拍背面可以通过人物姿态来表现内心情感，收到意想不到的效果。如拍摄一位经历了失败的落寞的运动员，从背后看他的身体语言就已经表现出遗憾的情绪。

选择从哪个方向进行拍摄，并无一定之规，也没有孰优孰劣之分，只要运用得当，都可以恰如其分地通过画面进行表达。

哭泣的女孩（摄影/李晨）

六、拍摄高度

前面说的拍摄方向是在拍摄高度不变的前提下，这里的拍摄高度是拍摄点与被摄对象之间水平高度上的变化。通常的高度无非是平视、仰视、俯视、顶视四种，相应地，拍摄的高度就是平摄、仰摄、俯摄、顶摄。

（一）平摄

平摄，顾名思义，是照相机与被摄对象处于同一水平线上的拍摄角度。这和人们日常的视觉习惯相符。平摄运用较多，因为这样的摄影高度比较

自然，贴近实际。如下图，摄影者和被摄者就是同一水平高度。

西沙群岛的岛民（摄影/李晨）

（二）仰摄

仰摄是摄影者从低处向上方拍摄，这样的拍摄角度常常应用于拍高大的建筑物时。只有通过仰摄，才能将建筑物的全景拍下，才能体现建筑物的恢宏高大。仰摄的功效在于因为透视关系，画面中水平线降低，这样前景和后景在高度对比上就会发生微妙的变化，处于前景的物体就会显得高大。仰摄人物也是一样，由于离人物的腿部比较近，就会突出腿部，让人物显高。仰视有时是一种情绪性表达，给人以象征性的联想和隐喻。

下图就是拍摄者蹲下拍摄的，这样舞者青花瓷图案的水袖在镜头里展现无遗，蓝白相间与后面中国馆红色的屋顶相映生辉，使画面给人深刻的印象。

上海世博会北京周活动（摄影/李晨）

（三）俯摄

俯摄和仰摄相反，是摄影者从高处向下拍摄，给人以低头俯视之感。由于站得高，俯视镜头视野开阔，可以展现大场景，"一览众山小"。

如下图，就是从高处拍摄的辽宁号航空母舰，正因为从高处俯瞰，拍摄者才能拍到庞大的辽宁号的全貌，如果用平摄或仰摄，都只能看到局部。

辽宁号入列（摄影/李晨）

（四）顶摄

顶摄就是从所摄物体或场地的顶部，呈垂直角度进行的拍摄。注意区分，俯摄并不是垂直视角，而是形成一个拍摄斜角。在体育运动和艺术表演中，顶摄会被经常用到，因为这一角度非常特别，脱离了一般人拍摄的一般状态，所以容易给人留下很深的印象。比如，拳击比赛，如果在拳台顶部有一架摄影机，其所拍摄的照片就能构图精巧、线条清晰，呈现出独特的美感。我们看篮球比赛同样会发现，在篮筐上常常会放置一台摄像机，这样运动员投篮的画面或者抢篮板的动感画面就会从上而下尽收眼底。当然，现在也可以利用无人机进行顶摄。

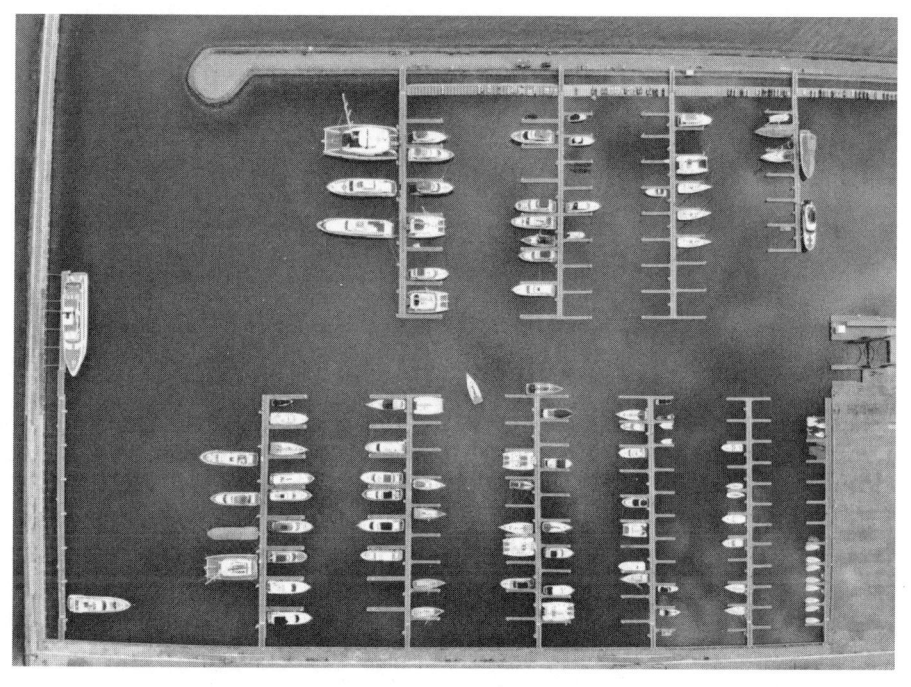

三亚游艇码头（摄影/李晨）

第三节　新闻照片的用光技巧

摄影是光与影的艺术，新闻摄影和其他的摄影门类一样，光线的运用非常重要。一张优秀的新闻照片，往往是在光线的明暗之间，生动地表情达意。在构图的基础上，学会用光，将为小记者拍出合适的照片助力。

一、按光源进行的光的分类

按照光源来看，可以把光分为自然光和人工光两类。

（一）自然光

自然光就是直接或间接来自太阳的光线。自然光的变化十分复杂，我们大家都知道，天气不同，自然光的强弱就不一样。晴空万里、阴云密布、白雪皑皑等情况下，光线差别很大。早上、中午、晚上的自然光也各不相同。

早上和傍晚的时候，由于太阳和地平线的夹角小，光线会比较柔和，空间的透视感强，层次丰富；上午和下午的太阳光，照明强度比较稳定，不但对垂直景物照明，也对主体周围的景物照明，会产生反射光，这时拍摄的画面明暗反差表现良好。正午的时候，太阳光照射下来，又称顶光。因为这时基本是垂直照射地面的景物或人，地面景物或人的投影很小。一般情况下，不利用顶光拍摄人物。

（二）人工光

人工光是相对于自然光来说的。所有由人加工制造的光源都是人工光。

人工光源比较多，比如电子闪光灯、聚光灯、漫散射灯、白炽灯、烛光等。人工光源在拍摄艺术照片的时候用得比较多，如人像摄影、婚纱摄影经常使用，但是在新闻摄影中，不大可能利用许多人工光来辅助拍摄，用得最多的就是闪光灯。

灯光装扮后的双 11 阿里巴巴园区（摄影 / 李晨）

二、常用的几种光源

根据光源的投射方向，基本可分为顺光、侧光、逆光、顶光和脚光五种光源，而前三种光源是新闻摄影中经常用到的光源。

（一）顺光

顺光指光源和照相机镜头面向的是同一个方向。顺光作为主光拍摄的使用率比较高，但是也有缺点，那就是画面层次平淡，缺乏光影的变化。

早晨的永宁古城（摄影/李晨）

（二）侧光

侧光指光源和照相机光轴成大致 90° 的照明形式。这种拍摄形式下，被拍对象明暗各半，层次明显，立体感很强。在表现人物的时候经常用到侧光拍摄。

塞罕坝的夕阳（摄影/李晨）

北京河防口长城（摄影/李晨）

（三）逆光

逆光指光源和照相机镜头面对的方向正相对。这样拍摄时就看不到被摄对象的受光面，只能拍出轮廓或剪影。

北京后海夕阳（摄影/李晨）

上海世博会的正午（摄影/李晨）

（四）顶光

顶光是光源从被摄物或人的顶部而来，从上而下地照射。这样拍摄的人或景比较特别。在新闻摄影中，顶光相对用得少，常见于博物馆陈列和舞台布光。

长沙马王堆博物馆（摄影/李晨）

上海世博会杂技表演（摄影/李晨）

（五）脚光

脚光是从下而上的光源，和顶光一样，拍摄效果也很奇特。除非某种特定情况，才会采用脚光，否则效果不好。

风洞悬浮表演（摄影/李晨）

第十章

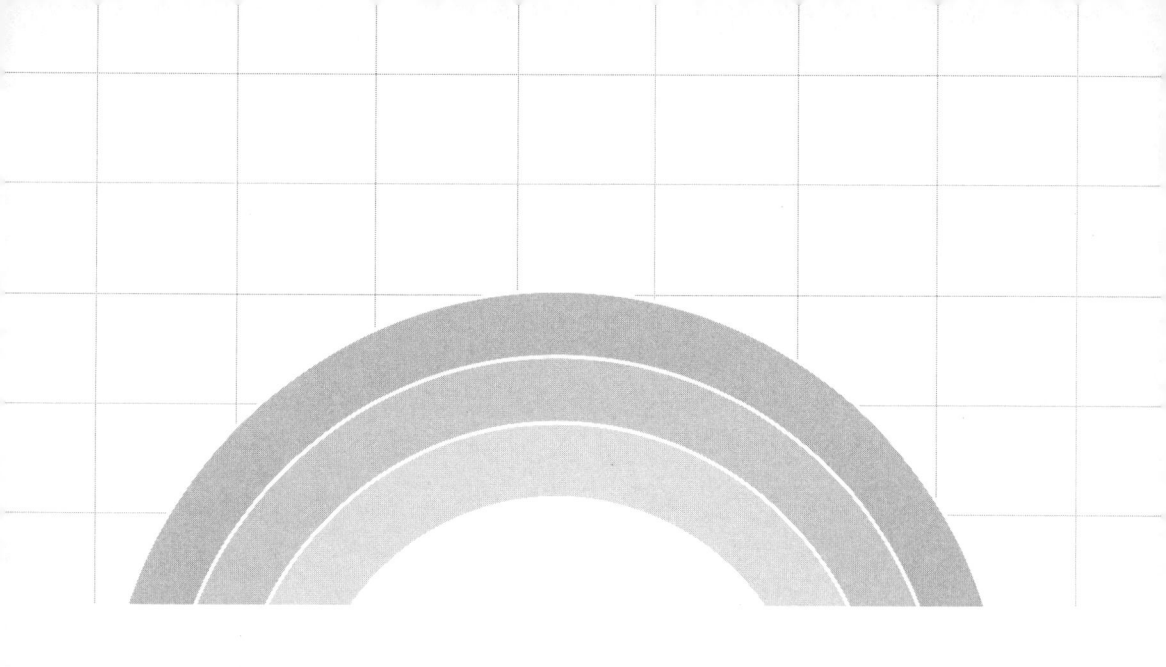

手机短视频拍摄有"门道"

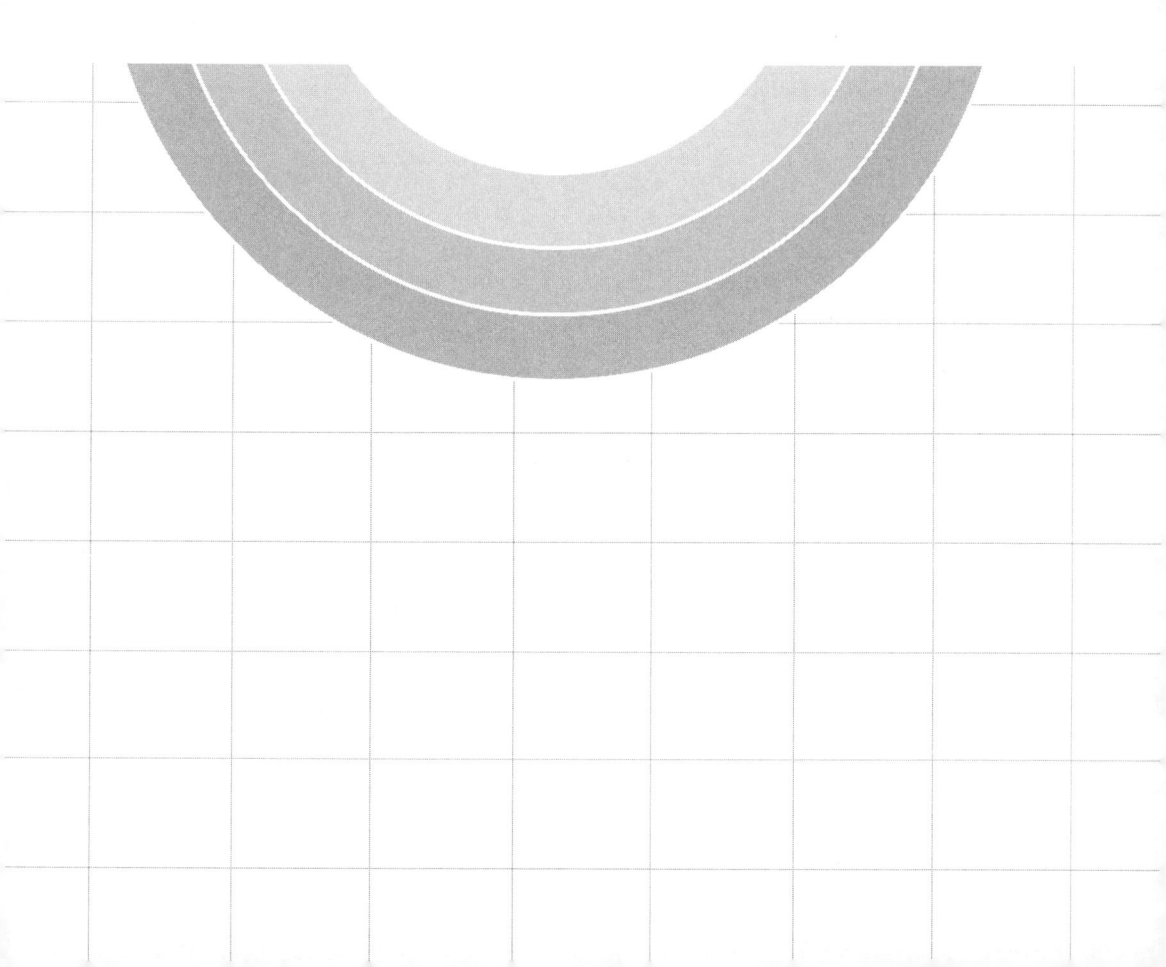

近年来，由于智能手机和相应的社交平台、软件的发展，拍摄手机短视频已经成为普遍现象。各大短视频平台的用户数以亿计，有的甚至已经超过 10 亿。在这样的背景下，作为小记者，学习一点手机拍摄短视频的技巧很有必要。

第十章　手机短视频拍摄有"门道"

第一节　拍短视频需要的设备

在进行拍摄之前，为保证拍摄效果，小记者需要准备一些基本的设备。

一、智能手机

最重要的当然是一款合适的智能手机。现在智能手机的制造水平已经非常高，我们在选择手机的时候，首先，要看像素。尽量选择像素较高的手机，确保拍摄出来的画质清晰。其次，要看内存。手机内存很重要，如果经常拍摄短视频，更要配备一款内存较大的手机，因为短视频是比较占内存的。最后，要看手机是否有光学防抖动功能。拍摄过程中，经常是手持手机而没有辅助设备，所以没有防抖动功能的话，画面容易虚化。

二、手机三脚架

三脚架是用于固定手机的重要稳定设备。在手机短视频拍摄过程中，大家不希望画面晃动，这时候三脚架的作用就显现出来了。

在延时摄影、拍摄流水和流云的时候，三脚架起到的稳定作用非常大。还有在夜色中拍摄的时候，由于使用慢速快门，曝光时间长，就不太适合手持拍摄，也最好用三脚架。

三脚架可以自由伸缩高度，并且一般都有蓝牙功能和无线遥控功能，可以实现远距离操控。

三、固定支架

固定支架是简易的手机固定器，价格比较便宜，使用也方便。在要求不太高的情况下，可以使用固定支架。固定支架的支架杆可以弯曲变形。

四、手机云台

如今视频拍摄比较流行的工具就是手机云台了。云台就是在安装和固定手机的时候，在下面起支撑作用的工具。在影视剧拍摄中，云台用得比较多。

手机云台能够自动根据视频拍摄者的运动和拍摄角度调整手机方向，使手机一直处于一个平稳状态，无论拍摄者在拍摄视频期间如何运动，手机云台都能保证拍摄的稳定性。

手机云台重量比较轻，一般人都可以轻松使用。电动的云台可以一边充电一边使用，兼具蓝牙和自动追踪功能。

五、收音麦克风/耳麦

收音麦克风或带麦克风的夹领耳麦可以有效提高录音质量，降低周边噪声的干扰。个人使用的话，一般选用定向无线麦克风。

此外，还有其他一些设备可以根据情况来选定。比如，手机的广角或微距镜头，现在有四合一镜头，即将微距镜头、广角镜头、鱼眼镜头、偏振镜组合到一起，可将其外接到手机摄像头上，从而满足各种拍摄需求。还有手机自拍杆、小型滑轨、无人机等。使用无人机拍摄对拍摄者要求就比较高了，无人机摄影由于是从天空俯视，视野辽阔，确实能够呈现出气势恢宏的感觉。但用无人机拍摄，一定要对画面有所设计，而不能没有构图想法就升空拍摄，那样就很难有理想的效果了。

第十章 手机短视频拍摄有"门道"

第二节 手机短视频拍摄步骤

当前，在传统媒体纷纷转向新媒体，大量制作短视频新闻的同时，也有越来越多的个人参与到短视频新闻制作中。每个人都有一支麦克风，每个人也都有一台摄像机。当然，对普罗大众来说，手里的摄像机其实就是一台智能手机。小记者如何进行短视频新闻的制作？包括如下一些环节。

一、寻找拍摄线索

好的选题是新闻成功的关键。那么，如何找到合适的选题线索，也就是如何找到一条可能会带来较大影响力的选题线索呢？

各大短视频平台是最重要的线索来源，仔细琢磨，有的是具有爆款潜质的。对一般人来说，刷个小视频无非是茶余饭后的一种休闲娱乐；但是对小记者来说，要做一个有心人，要善于从蛛丝马迹中发现有价值的内容。除了短视频平台，还有一些新闻或者是本校的一些新鲜事，都可以成为自己制作短视频新闻的线索。如：北京市朝阳区一位年逾八旬的老校长，每天都在校门口迎接孩子们入校；有的学校自编的体操有其独特性；有的学校即将有一位名人来做讲座；等等。这些线索都可以成为小记者拍摄的好素材。

找到好线索后，可以想想如何进行联系。有些时候，我们拿着手机就可以去拍摄，无须联系其他人；有的时候，还是需要通过私信、留言、电话等方式和相关人士取得联系，必要的时候也可以请家长或老师帮忙。联系之后的拍摄往往更加顺畅。

二、拍摄时进入状态

开始拍摄前,需要想好是用手机横幅拍摄还是竖幅拍摄。竖幅拍摄看上去没有什么问题,因为手机本身就是竖幅的,但是,如果想在其他平台或者其他屏幕上播放短视频时,就可能会出现两边有黑边占用了空间,会影响观感。横幅拍摄可以让画面充满整个屏幕,不存在黑边的情况,也是很好的选择。具体而言,可以根据拍摄者的喜好来定。

(一)脑子里先打草稿

定好选题后,进入拍摄阶段。拍摄前,脑子里要考虑一下,对于这则新闻打算怎么拍,也就是有个大概的拍摄计划。当然,由于新闻属性的原因,很多时候并不能按照计划进行,因为毕竟不是拍摄专题片,专题片需要有脚本。但是,我们起码可以提前做一些构想。

(二)注意构图和用光

和拍照片一样,拍摄短视频新闻也要具备基本的构图和用光知识。

构图方式中,比如常见的三分法,我们可以在手机中打开网格模式,或者有的手机里相机设置的功能表中叫参考线。打开后,就能很直观地了解如何进行三分法拍摄,把拍摄对象放在哪个相交点上可以收到较好的拍摄效果。

除了构图,还要会一点用光。光线是非常神奇的,我们在新闻摄影的学习中已经知道,通过顺光、侧光和逆光、轮廓光等,都可以构造出不同的意境。顺光拍摄的镜头比较平实,侧光拍出来比较有层次感,逆光拍出来会给人一种唯美的感觉,轮廓光则使画面质感强烈。

(三)注意距离和角度

在拍摄的时候,注意与拍摄对象的距离,不要太近,最好保持两米或者再稍远一点的距离。保持这样的距离可以用长焦镜头拉出景深，突出主体。同时，距离适当还容易消解被采访对象的紧张感。很多人对镜头是很敏感的，没有镜头的时候可以侃侃而谈，一看到镜头就有些不知所措，所以保持稍远的距离可以起到让人放松的作用。

人在画面中的大小要占到画面的40%左右，大了显得太满，小了又觉得太远，主体不突出。

拍摄的时候，可以考虑是否用不同的角度。正面拍摄是一种角度，也可以侧面拍。正面拍和侧面拍可能形成不同的视觉语言，能够突出或减弱表现力，这是需要拍摄者仔细琢磨的。

（四）镜头动静相结合

在拍摄时，尽量多用固定镜头，这样有利于突出人物或事物主体。固定镜头之外，可以适当进行镜头的推拉摇移，增加一点变化的感觉。在推拉摇移的时候，要注意速度不能太快，慢慢摇动为好。一旦快速摇动，观众的观感就不好，有一种切换太快眼睛不舒服的感觉。

适当用一些特写镜头，这样可以把局部放大，显得更有张力。

（五）取景注意自然连贯

拍摄一个新闻短视频时，要构想一下都有哪些场景，大概怎样取景。景别之间相互的切换不能生硬。这些镜头相当于整个短视频的零部件，零部件衔接得好，才能呈现出一段镜头语言自然的短视频。比如，某小学举行劳动教育分享会，如果小记者接到拍摄短视频的任务，需要哪些镜头呢？需要学校领导介绍学校劳动教育特点的镜头、劳动课老师进行实际操作和教学的镜头、同学代表讲述劳动课作用的镜头、同学们在老师带领下进行劳动教育的镜头。拍摄完这些镜头后，后期可以进行剪辑，让画面更合理。

（六）带好辅助工具

除了手机，最好能带上三脚架和补光灯（或补光板）。这两个辅助工具很重要，在使用长焦或者光线不足时，用上三脚架会稳定很多，用上补光灯（或补光板）则弥补了光线不足的问题。

第三节　后期制作少不了

视频一般由画面、字幕和配乐组成。

几乎所有的拍摄画面都是需要剪辑的，因为只有经过剪辑，画面才能更好地表达创作者的想法。

用剪辑软件，画面、字幕和配乐都可以完成。通常软件里有自带的音乐，可以根据画面内容，进行相应的配乐。比如，我们选择很常用的一款剪辑软件"剪映"，这款软件在手机上就可以操作，相对其他软件方便且容易上手。其页面上的剪辑功能简单易懂，多数都是基本操作，多试几次就可以掌握；其内置音乐也很丰富，我们在操作时可以导入自己喜欢的音乐；剪映中内置了丰富的文本样式和动画，输入文字后动动手指就可轻松达到自己想要的效果。此外，还有滤镜、特效、背景、美颜等功能，对初学者而言，足可满足需求。

后期制作完成后，就可以将视频导出并进行分享。像剪映的右上角有个1080P图标，点击后可以看到分辨率和帧率等，默认导出的清晰度是1080P、30帧全高清视频，当然我们也可以拖动圆点进行手动调节，帧率越高视频越流畅。调整后导出的视频大小会自动计算出来，一目了然。

第十章 手机短视频拍摄有"门道"

第四节 运镜和转场有学问

既然是手机短视频，自然是拿着手机拍摄，这看似简单，但对初学者而言，最好能掌握一些运镜技巧和转场技巧，这是非常实用的技术，掌握好了可大大提升拍摄效果。

一、运镜技巧

手持手机拍摄，最重要的就是平稳，不能剧烈地晃动。有些初学者拍摄时习惯于快速从左到右或者从下到上地移动手机，这是很不好的，不但观看者会觉得眼睛疲劳，而且拍摄效果也欠佳。所以，无论是左右移动还是上下移动拍摄时，一定要缓慢一点、从容一点。把自己的手臂想象成一个机械臂，保持平稳运镜，这样画面会非常流畅。

比较实用的运镜方式有以下几种：

（1）手机镜头由近到远，缓慢加速并旋转；

（2）手机镜头低角度拍摄，缓慢抬升后水平拍摄；

（3）手机镜头对准拍摄对象，画出一个半弧形；

（4）手机镜头将拍摄对象固定在中央位置，围绕拍摄对象转圈；

（5）手机镜头跟随拍摄对象一起同步移动，即跟拍。这种拍摄难度相对较大。

对小记者来说，日常的新闻短视频拍摄需要的运镜技巧或许不用那么多，但是艺多不压身，如果能多掌握一些，相信在采访实践中可以更加轻松自如，最终呈现的作品也能够更具表现力。

二、转场技巧

转场是指视频中各个部分和不同场景之间的过渡和转换,理想的转场手段对于连接各个场景起到自然衔接的作用,增强观感。在新闻短视频中,一般而言,转场不需要太花哨的手段,各场景自然转场较多,不过,一旦小记者掌握一些转场技巧并适当运用,还是可以为自己的短视频作品增色不少。

有小记者可能会问,拍摄新闻的时候有没有"一镜到底"——也就是一个镜头把新闻事件拍完?当然,对于简单的新闻,的确"一镜到底"是可以的。但大部分新闻还是需要适当的转场拍摄。下面介绍几个实用的转场技巧,无论在新闻短视频还是在其他短视频制作中,都可以根据实际情况,加以运用。

(一)遮挡物镜头转场

遮挡物镜头转场是比较常见的转场方式,也就是说转场时把镜头完全遮住,造成镜头瞬间黑屏的情况,然后切换到下一个镜头。这种转场方式会给观众带来一种神秘感,观众正疑惑时,镜头已经到另一个场景中了。日常用得比较多的如拳头或手掌转场,被摄者用拳头或手掌伸向拍摄镜头,靠近后造成手机镜头短暂黑屏,然后自然接到下一镜头。

(二)相同物体转场

这种转场方式在手机短视频中也很常见,比如,一个人先是穿一件红色衣服走出来的,走着走着就变成了一件黄色衣服,但是人的步伐、形态都没有变化,这就是相同物体(或相同人物)的转场。

在这种转场方式中,镜头一般是固定的,只需要主体进行移动。但主体移动的方向、速度要大体一致和均匀,否则无法完成转场。因为速度和方向不一,会让人感觉画面极为别扭。

（三）主观镜头转场

主观镜头其实是电影里的一个概念。在电影的主观镜头中，摄像机的镜头模拟了人眼的观察，展现了影片中的人物在片中的视角。在这种镜头作用下，观众可通过摄像机，在银幕上看到片中人物所见，有很好的现场感。

所以，说到这里，主观镜头转场的概念就明白了。就是先拍摄一个人物（或者动物）的眼睛，然后转到下一个镜头，这个镜头正是人物（或动物）所看到的内容。当然，实际是拍摄者想要展示给观众看的内容。

运用主观镜头，不仅可以使画面自然转换，还可以调动观众的好奇心。

（四）淡入淡出转场

这种转场方式说得通俗一点就是"渐变"，画面由明变暗，直至黑场。下一个镜头则由暗变明，逐渐呈现正常的亮度。

这种转场方式也是运用比较多的一种技巧，它可以中断观众的思路，然后顺利地将观众带入另一个场景中。渐变的过程，对观众而言，也是一个短时间内适应的过程。

（五）重叠转场

重叠转场是指前一个镜头的画面与后一个镜头的画面相叠加、重合，前一个镜头渐渐褪去，后一个镜头慢慢显现。在这几秒钟的重叠里，会产生一种舒缓而柔和的视觉效果，让观众感到舒服而不是突兀。

（六）快速运镜转场

快速运镜转场的手法运用较多，比如，拍完一个镜头后，很自然地把镜头推向天空，或者转向附近的一条河流、一片森林，都属于快速运镜转场。运镜转场时，方向为上、下、左、右皆可，关键是操作时要注意切换自然，而不能生硬。

在拍摄新闻短视频时，转场技巧运用稍微少一些，但在拍摄专题片之类的内容时，转场技巧会被频频使用。所以，小记者们多掌握一些技巧，多学习一些本领，总是更好的！

附录一：北京实验学校（海淀）小记者
采访美联社北京分社记者朱佩

2022年冬奥会前夕，北京实验学校（海淀）红通社小记者甄希诺，采访了美国联合通讯社（以下简称：美联社）北京分社体育记者朱佩。以下是小记者甄希诺的提问和朱佩的回答。

问题1——

甄希诺：朱佩叔叔，您好！我想问您几个关于冬奥会的问题，冬奥会中国场馆厉害的地方在哪？

（点评：小记者的这个问题是想了解北京和张家口的冬奥会场馆的特别之处，但是提问稍有些随意，显得口语化了。）

朱佩：此次冬奥场馆很多是2008年北京夏季奥运会的比赛场馆，如鸟巢、水立方等，它们最大的特点是北京的地标性建筑物。国外的很多体育场馆都很普通，从外形上看，没有什么特点。而鸟巢、水立方等，建筑上非常有特点，雄伟壮观。而且像鸟巢，它的容量在世界体育馆中排名前列，可以容纳9万多名观众。北京冬奥会开幕式在此举行，可以有更多的人现场欣赏到开幕式盛况。同时，场馆的科技含量也非常高，比如，速度滑冰的场馆，制冰的材料都是碳中和的，不会对环境造成任何污染，制冰的效率也非常高。另外，用于钢架雪车、雪橇的场馆，也是中国人自己设计和建造的，雪橇中心是世界上第一个360°环形场馆，对运动员来说，是非常新奇的滑行体验。

（点评：朱佩简明扼要地说明了场馆的几个特点，即外形独特、体量大、科技含量高。）

问题2——

甄希诺：这些场馆跟国外的奥运场馆有什么区别？

（点评：这一提问比较明确，落点就在"区别"二字。）

朱佩：我们的场馆最大的特点是融合了很多中国元素，尤其是北京冬奥会场馆，会有一个很可爱的中文昵称，比如，首钢大跳台叫作"雪飞天"，这是根据敦煌飞天壁画的形态进行设计的。还有一个重要场馆是张家口国家跳台中心，运动员可以从一个100多米的高坡上跳下来，飞跃很长的一段距离，然后落地，这个场馆叫作"雪如意"。"如意"是我们古代非常有特点的珍宝，有2000多年的历史，我们把这个创意运用到冬奥场馆中，这是冬奥历史上最大的跳台滑雪中心，非常有特点。还有一些场馆的名字也非常有意思，例如，"水立方"摇身一变成了"冰立方"，从一个游泳中心变成了冰壶中心。这些场馆非常具有中国特点。还有一点，北京冬奥会的场馆对运动员来说是非常便利的，尤其是在张家口的这些场馆，离运动员居住的地方不到2公里，从运动员村出发，5~10分钟就能到达比赛场馆。这个在国外的比赛中是很难见到的，一般情况下，大家要坐很久的车，20~30分钟，但这次在中国，运动员去场馆比赛就比较方便。

（点评：朱佩的回答非常聚焦，突出了场馆的中国元素和距离运动员居住地近两大特点。）

问题3——

甄希诺：全球其他的记者如何采访奥运会？

（点评：由于是小记者采访大记者，以了解冬奥会的相关采访情况，所

附录一：北京实验学校（海淀）小记者采访美联社北京分社记者朱佩

以这个提问非常准确。体育赛事采访貌似简单，其实有一套完备的采访流程，尤其奥运会这样的大型赛事采访工作，组织方都有成熟的流程安排。）

朱佩： 来自全世界的记者采访冬奥会通常有两个主要部分。一是如何看比赛。记者们不远万里来到中国，走进不同赛场，观看自己国家运动员比赛，这是一条流线，一般都是从媒体的闭环酒店出发，到专门的乘车中心或者乘坐指定大巴，来到比赛场馆，根据路线找到自己的记者席，进行观赛、拍摄工作，这些记者席都配有网线、Wi-Fi、电源等设备，记者们可以一边拍摄、写稿，一边欣赏比赛，再把赛况第一时间发送到自己国家。另外一部分是我们要采访运动员，这是记者来到北京冬奥会最大的目的。运动员结束比赛后，会来到"混合区"，"混合区"是记者和运动员同时出现、进行交流的区域。这个时候，记者就可以向运动员提出关于比赛的相关问题。比赛结束后，运动员还会参加新闻发布会，在那里，会有更多的记者向运动员提问。这个发布会也向全球观众直播，会有更多的人看到发布会的现场。新闻发布会结束后，运动员有可能还会去不同国家电视台的演播室，在那里进行一些更深入的采访、互动环节，让观众们知道更多赛场内外的各种生动有趣的故事。

（点评：作为有丰富采访经验的记者，朱佩的回答十分准确。他所说的两部分采访，其实一方面是眼睛观察，另一方面是对运动员或相关人员进行采访问询。这里有一些专业词汇，如"混合区"，这是体育赛事中运动员、记者、志愿者等可以共同存在的一个空间。运动员完成比赛后，会在这里做短暂的停留，记者们争分夺秒在这里向运动员提问，争取获得采访对象最新的信息。）

问题4——

甄希诺： 电视转播的时候，拍滑雪和拍滑冰哪个更困难？需要多少个机位？我好奇的是他们滑得那么快，怎么能拍得更好？

（点评：这个问题问得非常好，特别有针对性。提给朱佩回答非常恰当，所以他的回答也十分详细。）

朱佩：这是一个很好的问题。冬奥会项目相比于其他运动，拍摄难度是非常大的。很多冰上项目，包括速度滑冰、短道速滑以及花样滑冰，运动员是在高速情况下不停运动，尤其是花样滑冰，在对焦的时候都会有很大的挑战。这些记者还有摄影师，都是常年从事拍摄工作的，因此他们的预判能力非常强，会在运动员做动作前，预判会向前滑还是向后滑，再凭借日积月累的经验，掌握运动员的下一步动作，提前做好准备，进行抓拍。户外的滑雪，最大的挑战是寒冷。户外拍摄需要穿厚重的衣服，背上很重的装备，甚至还得贴上暖宝宝，以抵御零下十几、二十几摄氏度的寒冷。另外，滑雪运动员速度很快，你在一个定点的位置上，滑雪运动员是以很快的速度从你身边滑过，因此需要记者们协作完成拍摄任务，这个滑道如果有一公里长，就要在不同的点位铺设不同的机器进行拍摄。室内场馆的拍摄，电视转播需要布置20~30台摄像机，所有摄像机拍摄的信号会汇总到转播车里，由现场导演和导播切换出来，甚至在停顿、打分的时候播放一些慢动作，让观众们欣赏到一场完整的冬奥盛况。室外的滑雪比赛，则需要40~50台摄像机，因为赛道比较长，需要更多的摄像机捕捉整个雪道。这还不算最多的，最多的是雪车、雪橇中心，它的赛道虽然不是最长的，但是它的速度是最快的，四个人坐在一个雪车里，最快时速可以达到140公里，所以这个项目需要更多的摄像机，差不多需要50~60台摄像机去拍摄整个比赛，导播切换出来不同的画面，我们才能在电视机里欣赏到精彩的比赛。

（点评：因为这个问题问到了朱佩的擅长之处，所以他的回答非常专业。由于滑冰滑雪的速度极快，对摄像来说拍摄难度高。朱佩详细介绍了在拍摄不同项目时的一些细节情况。）

附录一：北京实验学校（海淀）小记者采访美联社北京分社记者朱佩

问题 5——

甄希诺：这两个场馆（指国家体育馆和国家跳台滑雪中心。国家跳台滑雪中心因形似如意，又称"雪如意"）在冬奥会时是什么项目的比赛场地？比赛结束后，这些场馆如何利用呢？

（点评：国家体育馆和国家跳台滑雪中心是北京冬奥会期间两个重要的比赛场地，具有一定代表性。对于场馆赛后利用问题小记者也予以了关注。）

朱佩：这个场馆（指国家体育馆）在北京夏季奥运会时是体操和手球的比赛场馆，在北京冬奥会时是冰球的比赛场馆。本次冬奥会，中国首次派出男子和女子两个代表队参加比赛。之前的冬奥会，这个项目都没有中国队的身影。本次冬奥会，第一次可以在这个场馆看到中国男队对抗美国、加拿大、德国等全球最厉害的冰球队。这个场馆也有一个昵称——ice fan，像一个大扇子。旁边是鸟巢、水立方，前面是国家体育馆。国家会议中心二期就是本次冬奥会全球媒体、记者、转播人员工作的地方，步行过来也就几分钟时间。

（点评：这一部分朱佩详细介绍了国家体育馆在北京冬奥会中担负的任务。）

（指着"雪如意"图片）这是刚才提到的"雪如意"，在张家口崇礼，它的造型就像如意，如意在 2000 多年前，是古人用来挠痒痒的，到了明清时期，宫廷的人把如意当成吉祥的饰物，用各种各样的材质完成，拿在手上，或者放在家里的茶几、桌上，象征着给自己带来好运气，这些材质都很名贵，镶嵌着宝石。这次，如意变成了巨型的运动场馆。运动员会在这个顶上，先助滑，然后从这里起跳，飞跃 70~80 米的距离，最后在这里落下来。这边就是观众席。"雪如意"是所有奥运比赛中最雄伟壮观的跳台滑雪中心和最大的观众席。迎面会有大风吹过来，考虑到这个因素，这里还会有帘子拉起来，即使有很强的风，也不会对运动员的飞行造成很大的影响。这里的晚上也是很好看的。中国的这些比赛场馆最大的特点是在比赛结束后还会得到很好的使用，之前2014年的冬奥会是在俄罗斯索契举办的，并不是在莫斯科这样的大城市举办，索契常住人口只有20万。2018年的冬奥会是在韩国平昌举办的，平昌本地的人口只有5万人，跟北京的千万人口相比是非常少的。所以他们办完冬奥会以后，很多场馆都荒废了，没有人再去，当地人太少了。但是北京的这些场馆就会得到很好的利用，比如首都体育馆，可以开演唱会，可以进行滑冰比赛，可以开放给公众进行一些冰上运动的体验，包括水立方，虽然这次比赛，它是一个冰壶场馆，但是在冬奥会结束以后，还可以恢复成之前的游泳池，大家可以继续在里面游泳。可以在当年2008年奥运会产生过很多世界纪录选手、历史时刻的地方去亲身感受一下，包括这些滑雪中心、云顶滑雪场，从北京开车3小时，或者坐高铁50分钟就能到，在奥运的场馆上滑雪，别有一番滋味。

（点评：这一部分朱佩从"雪如意"开始说起，因为对面是小记者，对于"如意"是什么可能不了解，所以他介绍了宫廷里如意是做什么的、是什么样的，然后介绍了形似如意的跳台滑雪场地"雪如意"的相关情况，并指出北京冬奥场馆和索契、平昌等地的不同之处。）

（稿件选自"北实魅力教育"公众号）

附录二：花家地实验小学小记者
采访左权将军外孙沙峰

2021年4月28日，北京市朝阳区花家地实验小学红通社记者站的小记者们来到北京青年政治学院，参加"永远跟党走"主题教育活动，采访了左权将军的外孙沙峰老师。

（和上一篇是一位小记者进行的采访不同，这次是多位小记者采访同一人，我们来看看每位小记者提的问题质量如何。）

问题1——

小记者A：我们都知道您的外公是高级将领，您如何评价他？

（点评：这个问题严格说起来，提得不太恰当。因为让晚辈给外祖父做评价，是有不妥之处的。如果换一个提问角度，比如，我们都知道您的外公是高级将领，请问在不指挥战斗的时候，他对待家人是严肃的还是热情的？这样的问题一提出，沙峰老师一定有话可说。）

沙峰老师说，他认为外公左权将军是个忠于党、忠于国家的人，同时他也是家中的顶梁柱，是他们的榜样！军人，他和我们一样都是普通人，虽然他们会把自己的孩子交托给别人，但这并不代表他们不爱自己的孩子。但是为了国家的利益，为了中国人民可以过上更好、更幸福的生活，他们用自己的血肉之躯阻挡了敌人的进攻，并赢得了胜利。

问题2——

小记者B：沙峰老师，如果时光倒流，左权将军有再选择是否参战的机会，您觉得左权将军会选择陪伴家人，还是为了国家参战？

（点评：这个问题基本可以判定为无效提问，因为这个问题谁看了都知道会选择哪个答案。如果问，您觉得左权将军给你们家人留下的最宝贵的财富是什么？或许会好一些。）

沙峰老师立刻就告诉我们，左权将军一定还会再次选择为了国家参战，爱国的信念一直在左权将军的心目中。沙峰老师还告诉我们，要成为一个有责任心之人，成为祖国的栋梁之材，要学习党的知识，学习先辈们的精神，要传承红色基因，成为新时代的共产主义接班人。

问题3——

小记者C：您觉得在左权将军的一生中，有哪件事对您的影响最深？

（点评：这个问题问得比较好。尽管左权将军在他的女儿很小的时候就牺牲了，但是家人可以通过听他的故事来了解他，一定有给家人印象深刻、影响深远的事。）

沙峰叔叔亲口告诉我们，在左权家书最后一篇可以找到答案，并解释道："在姥爷殉国前三天告诉姥姥，如遇任何变化，可将自己的女儿托付给身边的任何人。"听到此处我便被深深震撼，对普通人来说，托付儿女都会托付给至亲挚友或十分信赖之人，但在左权将军看来，他身边的所有人都是他的亲人，都是值得托付之人。这就是他的伟大之处。

问题4——

小记者D：您作为将军的后代，是怎样教育您自己的后代的？

（点评：这个问题提得好。这个问题包含着"传承"的意思，革命精神需要代代相传，作为革命后代，虽然继承了红色精神，那么对后人要怎样延续这种精神呢？这一问题让受访人有话可说。）

附录二：花家地实验小学小记者采访左权将军外孙沙峰

　　沙峰老师说，自己的母亲和左权将军接触的时间如白驹过隙，自己不了解外公到底是什么样子。虽然没有接触过自己的外公，但是他希望作为左权将军的后代，要给自己的后代讲述这段光辉的历史，并把先烈的英雄事迹讲给更多人听，把伟大的红色精神一代代传承下去。

（稿件选自"花家地实验小学"公众号）

附录三：花家地实验小学小记者
对于校运动会的采访

2019年4月30日，北京市朝阳区花家地实验小学举行了一场有趣的体育活动。活动结束后，学校组织多位小记者写了新闻稿件。这里选取了三位小记者写的稿件作为案例分析，在三篇稿件的后面，附了一篇笔者写的关于这场体育活动的新闻稿。

小记者A的稿件——
（题目）一班一国　相约冰雪
（点评：标题点明了活动内容，但是不够全面，如果是学校以外的人看到这个标题，就不能完全看明白。）

在2019年4月30日，我的学校——花家地实验小学举行了"一班一国　相约冰雪"体育活动。在活动中，我们观看了各个班级代表国的表演，经过小记者的采访，同学们对最喜欢的国家做出了评价。
（点评：第一段中，时间、地点、事件都交代得比较清楚。但新闻稿中一般不出现"我的学校"这样的表述方式。）

马琳茜同学说："我最了解的国家是日本，很喜欢日本的文具，还有日本街道很干净，日本的很多产品是'Made in China'，这让我非常高兴，在中国的东西可以传到日本。"

附录三：花家地实验小学小记者对于校运动会的采访

代宇彤同学说："我最了解的是韩国，总称大韩民国。我特别喜欢它的美食，但是韩国的风土人情没有我们中国热情。"

巫令文同学说："我很了解埃及，因为我去过很多次埃及。那里有许多世界闻名的建筑，但是有时会受到战争的侵扰，中国没有这么多战争。"

综上所述，每个国家都有自己的特色，但作为一名中国小学生，我也爱我自己的祖国，我的祖国更是历史悠久，特点更多。我要努力学习，将来学有所成，为我自己的国家——中国做贡献！

（点评：新闻稿中不用"综上所述"，这样的表达像工作总结。结尾一段在表决心，这不是新闻的写法，而是典型的作文的写法。）

小记者 B 的稿件——
（题目）一次难忘的活动
（点评：这个标题是作文标题，不是新闻标题。）

今天是 2019 年 4 月 30 日，我们花家地实验小学举行了一场特殊的运动会，特殊在于哪儿呢？在于今天是以"一班一国　相约冰雪"为主题的运动会，我们每个中队代表一个国家来进行比赛。

（点评：第一段导语写得不错，以设问句制造悬念。如果把"我们"删去就更好。）

在你最喜欢的活动是什么的调查中，经过小记者们的采访，大约有 10% 的人最喜欢开幕式的开场演讲；大约 40% 的人最喜欢"一班一国"的表演；50% 的人最喜欢运动会。

（点评：用调查数据来体现活动在学生们心中的感觉，很有说服力。）

我和涂可凝最喜欢的运动会项目是运球比赛，赛场上我们挥洒着汗水，虽然大家没有获得好成绩，但我们都努力了。

接下来是接力赛，10男10女，经过我们的努力，我们获得了不错的成绩，进入了四年级前5名。

（点评：这两段都把"我们"融进了文中，新闻采写中，"我们"尽量要跳脱出来。）

今天真是难忘的一天，我想，大家都会记住这次活动的。

（点评：这是比较典型的作文式结尾，因为写的是感想。）

小记者C的稿件——

（题目）"一班一国"相约冰雪体育节

（点评：题目给人的感觉是话没有说完，如果是"一班一国"相约冰雪体育节在花家地实验小学举行，就完整了。）

春意浓浓，校园内花家地实验小学的广大师生为响应冬奥点燃冰雪运动激情，为弘扬奥运精神努力进取。

2019年4月30日上午，在花家地实验小学本部举行了"一班一国　相约冰雪"花家地实验小学体育文化节。

（点评：一、二两段可以合为一段。）

花小有36个班级，代表36个国家。每班的代表们都穿着不同的服装，精神抖擞地进入会场。当代表中国队班级进入会场时，全场起立。随着雄伟、高昂的国歌音乐声，全体师生以及嘉宾唱起了国歌，国歌声在校园上空久久流动。

附录三：花家地实验小学小记者对于校运动会的采访

（点评：这段写得很好。让读者获得更多信息量，知道有多少支参赛队，代表了多少国家。但遗憾的是下文没有对同学的具体采访。）

仪式结束后，安海霞校长为活动致辞。她说："'一班一国　相约冰雪'是对当年'同一个世界　同一个梦想'口号的回应，也是对传承奥运精神的个性表达。"

接着应邀参加体育文化节的全国花样滑冰女子冠军赵子荃姐姐，在会上给大家普及了滑冰的知识，并为小运动员们鼓舞士气。

（点评：这段和上一段写得非常好。在三篇小记者稿件中，这篇是唯一提到校长和学校请来的花样滑冰冠军的。）

各班都带来了各国体育强项，为全场的师生以及嘉宾进行了精彩的表演。小运动员们心中都有着为国争光的理想、为荣誉而战的精神。

"一班一国　相约冰雪"体育节在11点40分结束。本次活动赛出风格、赛出水平。期待着2022年冬奥会来临，再展中国运动员的风采，花小广大师生时刻准备着为奥运添光彩。

（点评：结尾在叙事之外，仍然有表决心的成分。如果改为"花小广大师生表示，将时刻准备着为即将到来的2022年北京冬奥会增光添彩"会更好一些。）

新闻稿件范例——
（题目）花家地实验小学举行"一班一国　相约冰雪"体育文化节

2019年4月30日上午，在花家地实验小学本部，举行了"一班一国　相约冰雪"花家地实验小学体育文化节。花小36个班级分别代表36

个国家，参加了此次体育文化节。每班的代表们都穿着不同的服装，而且各班都带来了各国体育强项，为全场的师生以及嘉宾进行了精彩的表演。

许多同学对他们喜欢的国家做出了评价。马琳茜同学说："我最了解的国家是日本，很喜欢日本的文具，还有日本的街道很干净，日本的很多产品是'Made in China'，这让我非常高兴，在中国的东西可以传到日本。"巫令文同学说："我很了解埃及，因为我去过很多次埃及。那里有许多世界闻名的建筑，但是有时会受到战争的侵扰，中国没有那么多战争。"

应邀参加体育文化节的全国花样滑冰女子冠军赵子荃姐姐，在会上给大家普及了滑冰的知识，并为小运动员们鼓舞士气。

最后，安海霞校长为活动致辞。她说："一班一国 相约冰雪"是对当年"同一个世界 同一个梦想"口号的回应，也是对传承奥运精神的个性表达。

（点评：这篇新闻稿的标题是比较正规的新闻标题，题中有动词"举行"；第一段导语介绍了时间、地点和事件，要素较为清晰；后面三段是对学生、邀请嘉宾、校长的采写，采访较为全面，以校长的话作为结尾，起到提高立意的作用。）

后　记

　　《实用小记者培训手册》终于与大家见面了，希望这本书能够成为对新闻有所向往的中小学生或者初学者的手册。

　　在北京教育融媒体中心所属的现代教育报社工作期间，我受邀走进过北京数十家中小学，对学生们进行新闻采访和写作的入门讲座培训。孩子们在听课过程中都非常认真，他们对新闻采写的好奇心和求知欲就如同年少时我对新闻行业的憧憬。稍感遗憾的是，每次因为讲座时间有限，我只能给孩子们介绍最基本的新闻知识，孩子们也是浅尝辄止。

　　北京的许多中小学对学生新闻素养的培养非常重视，有的学校甚至是新闻传播特色校，每年都能给高等院校的新闻传播学院输送优秀学生。学校的管理者也明白一个道理，在日常工作中，学校通过师生共同努力取得的优异成绩能够获得好口碑固然重要，但通过适当的宣传，扩大学校传播力和影响力，在这个日新月异的时代同样不可忽视。

　　近年来，随着网络空间的延展和新技术手段的提升，我们每一个人都有发声的渠道，都可以是一个新闻人。所以，除了专业的新闻工作者，普通人也应具有一定的新闻素养。从目前各大信息平台来看，不少制作者没有经过基本的新闻训练，导致众多自媒体所制作的新闻产品质量是良莠不齐的，有时连基本的新闻要素都不齐全。

　　新媒体的发展，激发了许多人深藏的新闻潜质。人们对于拥有媒体接近权和传播权的渴望相比以往有明显的提高，但是随之也出现很多问题，比如，新闻的真实性难以保证、信息转发者的责任意识也比较淡薄，还有创作者因为缺乏专业训练导致作品质量不高和标准意识不强。

基于此，结合自身多年的新闻工作和当下繁荣的新闻内容生产现状，我逐渐萌生写一本小记者新闻教程图书的想法，让孩子们能从中了解新闻的基本知识，从而具备基本的新闻素养。

对小记者来说，最重要的还是学会如何采访和写作。本书的重点篇目就集中在这两大部分，我各用了三章向小记者介绍采访和写作的种种方法和技巧，并且选用了大量代表性案例。有些案例是我的亲身感受和实地采访经验，有些则是我的同行或朋友的新闻获奖作品，还有一些是影响较大的新闻作品。这些作品都是在我多年的新闻工作中给我印象深刻的优秀作品，我将它们选入书中，不仅因为它们可以很好地诠释新闻采写的方法和规律，而且可以给初学者以深刻的启迪和思考。

这本书介绍了新闻采写的基本规律，但是要想未来成为一个出色的新闻工作者，还需要经过不断的锤炼。小记者只有真实地投入新闻采写以及拍摄的实践中，才能对新闻有更深刻的感受，才能成为国家所需要的高素质新闻人才。

感谢我的博士生导师、人民日报社原副总编辑、复旦大学新闻学院原院长米博华教授在百忙中为本书写序。从我读博士开始至今的十多年里，米老师对于我的新闻业务一直给予指导和关心，使我受益匪浅。

感谢中国新闻社上海分社李鹏社长为我的写作提出的诸多建设性意见。

感谢摄影家解海龙老师，他的名作《大眼睛》是一个时代的记忆。感谢摄影家胡金喜老师，他所提供的《圆梦雅典》是非常经典的体育赛事照片。感谢我的朋友、资深调查记者李晨高级编辑对我写作过程中的大力支持，他提供了很多具有冲击力和说服力的新闻照片，那些照片都是他在丰富的采访工作中所拍摄，极具历史价值。还有我的同事、摄影记者付磊，也提供了多幅精彩照片。同时，感谢邢江、侯东华在我写作中给予的帮助。

感谢人民日报出版社的编辑老师在本书出版过程中的努力。正因为他们细致认真的工作，才使得这本书顺利出版。

希望这本书能帮助更多的初学者，也希望得到更多方家的指正。

参考书目

[1]《新闻学概论》编写组：《新闻学概论》，高等教育出版社、人民出版社2020年8月第2版。

[2]陈力丹：《新闻理论十讲》，复旦大学出版社2014年版。

[3]艾丰：《新闻采访方法论》，人民日报出版社2020年版。

[4]刘建华主编，杨青山，朱静雅编著：《一本书学会新闻采访》，人民日报出版社2011年版。

[5]高钢：《新闻写作精要》，首都经济贸易大学出版社2005年版。

[6]卞丽敏、李炜：《一本书学会新闻写作》，人民日报出版社2021年版。

[7]米博华：《新闻评论实战教程》，人民日报出版社2021年版。

[8]蔡雯、丁士：《走过报业黄金时代》，新华出版社2021年版。

[9]彭朝丞：《获奖消息赏析》，人民日报出版社2010年版。

[10]刘保全：《获奖通讯赏析》，人民日报出版社2013年版。

[11]费伟伟：《人民日报记者说：好稿怎样讲故事》，人民日报出版社2021年版。

[12]北京市新闻学会编：《北京新闻奖精品集（1998—2013）》，同心出版社2014年版。

[13]中国新闻奖评选委员会办公室编：《中国新闻奖作品选（2017年度·第二十八届）》，新华出版社2019年版。

[14]中国新闻奖评选委员会办公室编：《中国新闻奖作品选（2016年

度·第二十七届）》，新华出版社2017年版。

［15］中国新闻奖评选委员会办公室编：《中国新闻奖作品选（2013年度·第二十四届）》，新华出版社2014年版。

［16］谢琳：《新闻摄影教程（修订本）》，中国摄影出版社2015年版。

［17］燕频、张雷：《摄影摄像基础（第2版）》，北京大学出版社2018年版。

［18］构图君、李宝运：《手机短视频拍摄与剪辑从入门到精通》，化学工业出版社2022年版。

［19］郭绍义、杜利明：《剪映：短视频剪辑从入门到精通》，天津科学技术出版社2023年版。